U0549854

「淨零轉型是台灣必走的一條路。」

高雄永續發展轉型攻略

顧旻｜著

# 城市
## 淨零12堂課

→

ESSONS ZERO → 12 LESSON TO NET ZERO

# 目錄
## Contents

**序**
06　從行動中展現城市邁向永續的決心／高雄市市長 陳其邁

**楔子**
08　這場生存之戰，我們選擇直球面對

**第一課 觀念建立**
## 12　淨零是全球共識
14　1.1 全球各國共同面臨的挑戰
22　1.2 從立法開始擬定戰略

**第二課 做就對了**
## 28　邁向淨零城市
30　2.1 高雄的美麗與哀愁
42　2.2 擬定策略，逐步落實

**第三課 能源轉型**
## 50　發現潛力產業
52　3.1 深耕儲能技術搶攻綠能市場
56　3.2 興達發電廠 發展混氫技術實現減碳目的
64　3.3 台灣中油 氫能載具實用化

## 第四課 工業轉型
## 大帶小一起做淨零

68

70　4.1 科技即是淨零助力
76　4.2 中鋼公司 減碳成為製程中的日常
84　4.3 日月光半導體製造 用科技實踐美好未來

## 第五課 運輸轉型
## 城市移動智慧化

90

92　5.1 邁向低碳共享的運輸生活
98　5.2 漢程客運 公私協力實踐綠色運輸
104　5.3 高雄市政府交通局 MeNGo 系統 以 15 分鐘城市為目標

## 第六課 住商轉型
## 讓建築與自然共生

110

112　6.1 從社宅開始打造低碳建築
120　6.2 高雄厝計畫 自然通透的綠建築
126　6.3 芒果樹基地 與自然共存的實踐場域

# 目錄
## Contents

### 第七課 農業轉型
**134　打造低碳農漁業**

- 136　7.1　推動資源循環的永續環境
- 142　7.2　漁電共生計畫　為發展綠色能源加值
- 147　7.3　廢棄物資源化　畜牧廢棄物再利用

### 第八課 環境轉型
**154　循環經濟大未來**

- 156　8.1　資源再利用的多元面向
- 166　8.2　公民社會的支持　淨零生活的多元樣態
- 170　8.3　善用水資源　與水和諧共存

### 第九課 淨零綠生活
**174　清淨美好的城市願景**

- 176　9.1　從日常響應淨零排放
- 184　9.2　旗山區東昌里　由下而上的社區力量

### 第十課 公正轉型
# 淨零行動沒有局外人
- 188
- 190　10.1 高雄的倡議與推動
- 196　10.2 擴大公民參與的淨零轉型
- 200　10.3 小水坑藝術工作坊 大港青年動起來

### 第十一課 以世界為師
# 從他山之石看見典範
- 204
- 206　11.1 一場全球化的淨零行動
- 218　11.2 與國際交流掌握新趨勢

### 第十二課 善用碳匯
# 淨零轉型的關鍵戰略
- 222
- 224　12.1 什麼是碳匯？
- 232　12.2 茄萣濕地植樹造林 公私協力減碳齊步走

# 序一

## 從行動中展現城市邁向永續的決心

高雄市市長 **陳其邁**

　　高雄是台灣工業的起家厝,也是台灣產業變遷的縮影。

　　從 1908 年打狗築港、濱線鐵路與海埔地填築竣工伊始,良好的港口鐵路運輸系統,成為高雄港區經濟的濫觴。

　　1930 年代,日治時期戰時經濟體制下軍需工業擴張,建設全國第一座工業區、戲獅甲工業區,引進鋁業、鋼鐵業及化學工業;並規劃臨港線,做為輸送化工原料與產品的重要鐵路。戰後,這些港口、鐵道與工業基礎建設,加速城市現代化的進程,也為高雄工業奠定深厚的發展基礎。

　　由於台灣石化產業「逆向整合」的特性,且歷經十大建設的推波助瀾,使高雄逐漸形成下、中、上游石化產業鏈。因此,石化燃料驅動(fossil-fuel driven)的褐色經濟生產模式,讓工業大城的形象緊密伴隨著這座城市;而石化、鋼鐵、造船等製造產業,為台灣創造了經濟奇蹟;同時,產業脈動與發展軌跡,形構高雄人的日常,也框圍了我庄。

第 26 屆聯合國氣候變遷大會（COP 26）選在蘇格蘭格拉斯哥（Glasgow）舉辦，世界各國重返工業革命起源之島，反思經濟發展對環境造成的危害，正視減少石化燃料使用的全球氣候治理框架。在全球淨零轉型浪潮下，工業部門如何有效管制溫室氣體排放，成為眾所矚目焦點，碳排大城成功實踐除碳化，也象徵人類社會朝向正確的方向前進。

格拉斯哥之於蘇格蘭，猶如高雄之於台灣。

過去，高雄是台灣經濟成長的火車頭，亦是台灣工業現代化的起點。如今，在淨零排放進程裡，高雄將再一次扮演產業轉型的推手，成為全國永續淨零城市的典範。

對高雄來說，這是一場沒有退路的生死存亡之戰。

這幾年來，高雄從重工業城市，轉型為以 5G、AIoT 產業為核心的科技大城，許多國際大廠爭相投資高雄、布局高雄半導體科技廊道。工業重鎮蛻變為高值化產業聚落，體現智慧城市與淨零排放的雙軸轉型，是未來城市發展的關鍵；此外，高雄經驗驗證了一件事，即經濟成長與環境永續，並非是一組互斥的命題，而是互為條件、相輔相成的政策思維。

高雄是一座勇敢的城市，高雄人的堅韌意志，見證並參與了產業與城市的轉型。這本書記錄了這幾年來，公部門、產業界與公民社會，在淨零排放議題上所做的努力。一座智慧宜居、永續淨零、以人為本的城市，是承載民主自由與人權價值的基礎，在這條路上，我們與每一位市民並肩作戰。

城市與產業轉型是高雄這一代人最重要的任務，而我們一定全力以赴。

楔子

# 這場生存之戰，
# 我們選擇直球面對

人類是自然的一部分。
人類對抗自然的戰爭，無可避免會是人類對抗自己的戰爭。

By 瑞秋・卡森，美國海洋生物學家

　　美國海洋生物學家瑞秋・卡森（Rachel Carson）在生前最後一本書《寂靜的春天》（Silent Spring）中，睿智地寫下這段引人省思的文字。深刻描寫出有毒化學農藥對環境與物種的影響，以及人類活動對自然的危害、生態平衡之緊密連結。

　　工業革命後，人類的生產技術和經濟體系出現巨大變革，人類文明正以前所未有的速度持續擴張；社會也面臨了森林和礦產等自然資源枯竭、水源土壤受到嚴重污染、生物多樣性流逝、全球暖化引發的氣候危機。

　　全球暖化現象，導致極端氣候事件頻傳，世界各地森林大火不斷、東亞地區暴雨成災、非洲蝗災蔓延到周邊各國，極帶地區出現異常高溫。再看台灣現況，夏季一年比一年長、降雨兩極化、糧食產量減少、沿岸則出現大規模珊瑚白化現象。

　　由此可見，全球暖化與氣候變遷議題，其實離我們一點都不遙遠，這是攸關全人類生存的問題。而淨零轉型，早已不是一句

抽象的國際承諾,而是牽動我們生存空間的具體自救行動。

「淨零轉型是高雄的生存之戰,」高雄市長陳其邁語重心長地說。

城市轉型面臨許多挑戰,尤其在氣候變遷加劇時,產業淨零與數位轉型是城市進步的關鍵。隨著碳費與歐盟碳邊境調整機制(CBAM)課徵,如何兼顧減碳淨零、引資招商與產業永續發展,考驗城市治理者的智慧和視野。

高雄是一座持續變動、面向未來的港都。高雄港現代化,讓高雄成為世界的樞紐,亦是台灣石化業、製造業、能源產業、國際貿易擴張的重要利基。

過去的工業大城,承擔起台灣經濟發展的重擔,在這十年間,高雄產業樣態與勞動結構有了很大的轉變,除了全球經濟情勢下滑外,亞洲新興國家的經濟崛起,成為高雄產業外移和尋租的誘因。

少子化和人口老化的結構性問題,也讓高雄產業發展策略轉向產業升級、高值化、循環化和觀光化的主軸,科技建設將是高雄未來最重要的基礎工業。

在淨零轉型浪潮下,高雄這一座擁有工業發展動能和豐沛自然資源的城市,將孕育台灣最大的循環經濟與科技產業聚落。這塊土地的人文記憶及歷史薈萃,是凝聚城市認同的最大資本。

面對環境危機與未知的挑戰,高雄未曾膽怯,選擇直球面對。而在淨零轉型這條路上所有的學習與嘗試,是城市治理者的決心與勇氣,是城市居住者共同寫下的紀錄,更是做為地球村的一份子,對土地、對環境、對下一代所許下的承諾。

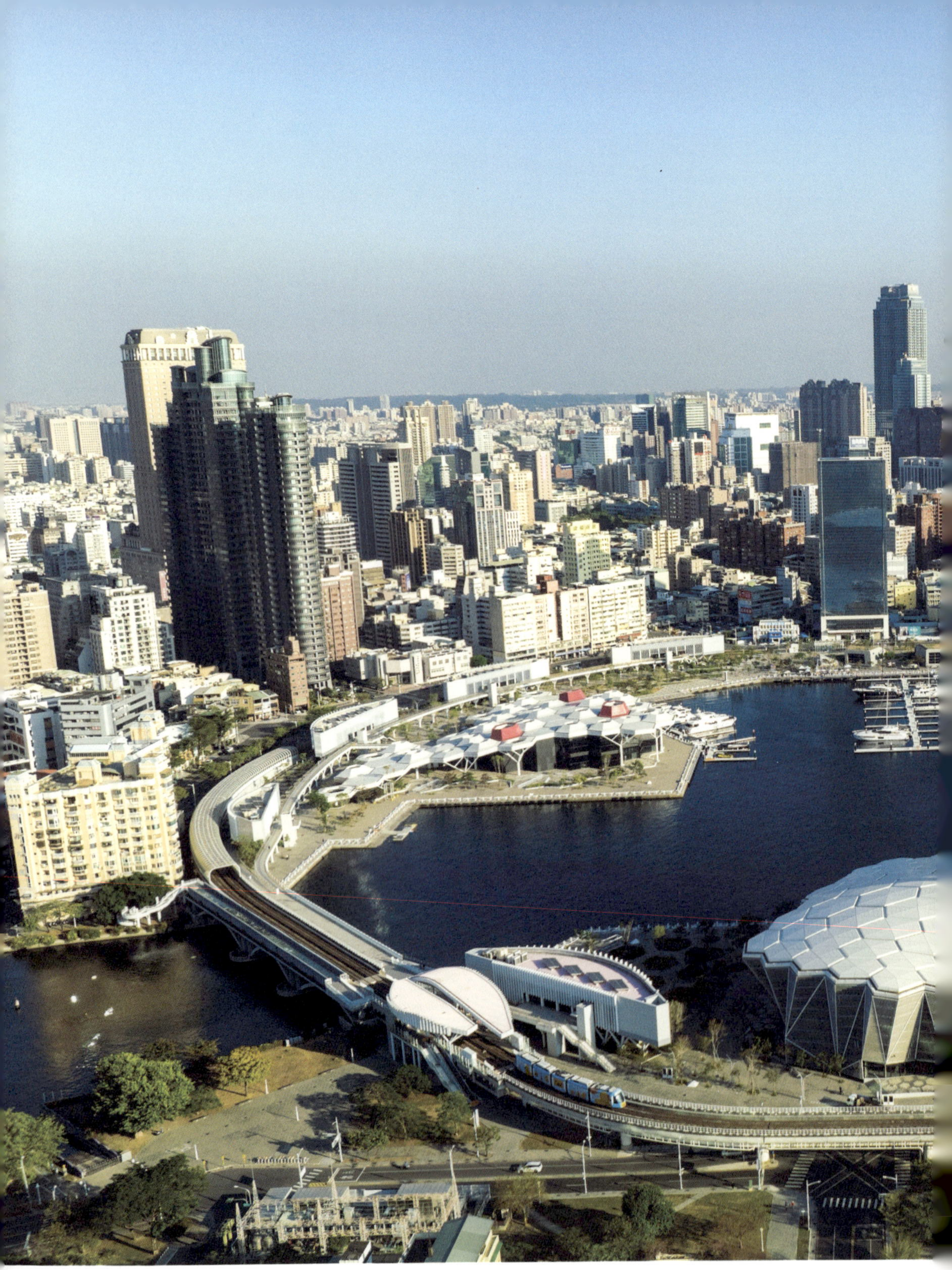

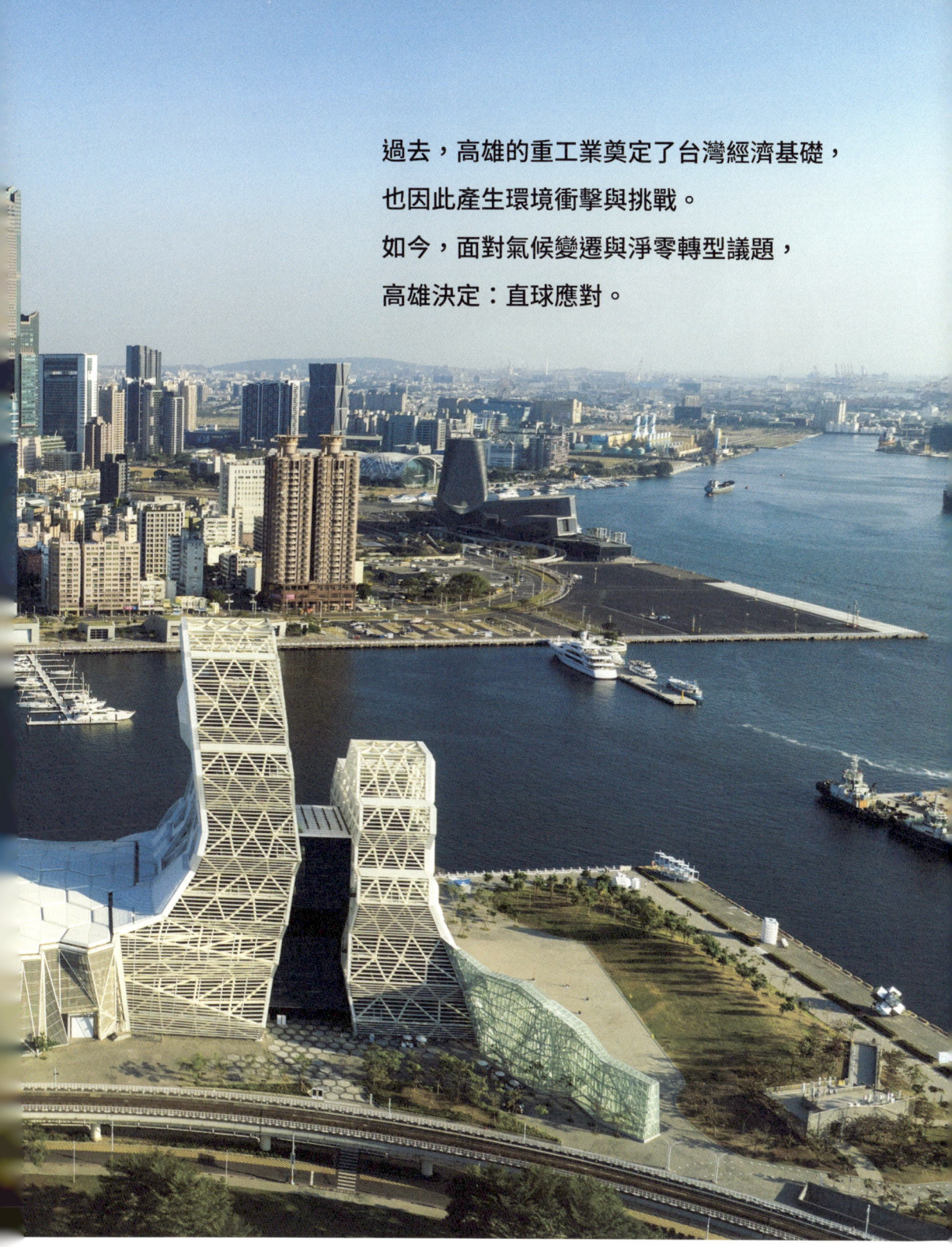

過去，高雄的重工業奠定了台灣經濟基礎，
也因此產生環境衝擊與挑戰。
如今，面對氣候變遷與淨零轉型議題，
高雄決定：直球應對。

（圖片提供／Shutterstock）

第一課　觀念建立

# 淨零
# 是全球共識

12 LESSONS TO NET ZERO⟶

全球暖化對地球造成威脅
世界各國應採取
更積極迫切的氣候行動

# 1.1
# 全球各國共同面臨的挑戰

世界各國發展經濟的同時，
也該破除氣候只是附屬品的思維。

2019 年聯合國氣候行動峰會（Climate Action Summit）上，青年氣候倡議者格蕾塔‧桑伯格（Greta Thunberg）憤怒地說：「你們奪走了我們的夢想和童年，當整個生態系統正在崩潰時，你們談論的還是錢，以及經濟永續成長的虛構故事。你們怎麼敢做出這種事？」

這位瑞典女孩，年僅 16 歲，卻已經勇敢站在眾人面前，訴說著年輕世代對於氣候變遷與環境惡化的焦慮。在她簡短的演說中，道盡人類在資本主義線性經濟發展模式、新自由主義全球化下，政府與企業長期使環境成本外部化、恣意掠奪自然生態資源的殘酷事實。

### 一份回應氣候變遷的公約

為了因應氣候變遷與減少溫室氣體排放，1992 年 5 月，聯合

↑ 瑞典女孩格蕾塔・桑伯格（前排左三）勇敢站出來，大聲疾呼必須正視氣候變遷與環境惡化的現況。（圖片提供／Shutterstock）

國紐約總部通過《聯合國氣候變化綱要公約》（United Nations Framework Convention on Climate Change, UNFCCC），這份公約成為全球回應氣候變遷議題的主要規範機制，以及各國氣候治理的綱要性目標與方向。

　　公約第二條寫到：「將大氣中溫室氣體的濃度穩定在防止氣候系統受到危險的人為干擾的水平上。」同時確立世界各國「共同但有差別的責任」的重要原則，依照不同國家的經濟發展程度，賦予相對應的溫室氣體減量義務。

　　至今，已經有198個國家簽署此公約。不過，做為公約主體，

UNFCCC 並沒有規範溫室氣體管制的實質做法；因此從 1995 年起，依照 UNFCCC 框架與公約精神，逐年由不同國家主辦締約國會議（Conference of the Parties, COP），也稱為聯合國氣候變遷大會。在每年的氣候大會上，匯聚全球領袖、企業、專家與民間團體，針對該年設定的氣候議程討論因應策略。

### 國際排放交易制度的濫觴

1997 年 12 月，日本京都召開「第 3 次締約國會議」（COP3）通過《京都議定書》，這是人類社會自工業革命以來，首次具體推動減少溫室氣體排放的國際公約；要求在 UNFCCC 框架下的「附件一」國家，依照各國情況，將溫室氣體排放量降至 1990 年水準平均 5.2%，並依照各國情況制定差異減量目標。

《京都議定書》中有幾個重點。首先，明確規範「溫室氣體種類」，包含二氧化碳、甲烷、氧化亞氮、氟化烴、全氟化碳、六氟化硫等。

其次，建立共同執行、清潔發展機制與排放權交易等，透過彈性機制規範排放減量單位、已開發國家向開發中國家提供技術資金達成減碳項目、轉讓減排「義務額度」（Assigned Amount Units, AAUs）等，鼓勵各國建立合作關係來實現減排目標；《京都議定書》亦是國際排放交易制度的濫觴。

從各方面而言，《京都議定書》是人類因應氣候挑戰的一大里程，但成效實屬有限。不少專家學者認為，《京都議定書》企圖心雖大，但卻只設定了有限的目標，甚至淪為「等待的賽局」。

其實，《京都議定書》對溫室氣體排放大國如美國、中國等

國無約束力外，對多數開發中國家亦沒有制定具體溫室氣體減量目標，導致《京都議定書》的約束範圍、減碳責任分配失衡與課責機制備受質疑，也因此，之後加拿大、日本、俄羅斯相繼退出。

2012年《京都議定書》屆滿後，聯合國在杜哈舉行氣候變遷會議，並做出「杜哈氣候途徑（Doha Climate Gateway）」決議，將《京都議定書》年限延長至 2020 年，正式進入該協定的「第二承諾期」。

不過此時，開發中國家與已開發國家的矛盾日益擴大，各國財政在氣候變遷補償、減碳責任等議題上存在歧見，使這份對抗全球暖化的法定約束力文件，其影響力早已今不如昔。此刻難為之處在於：在各國致力於發展經濟的需求面前，氣候永遠只是附屬品的思維，仍是多數政府與企業的真實想法。

### 首度凸顯城市對氣候變遷的影響

相較於《京都議定書》的第二承諾期，或稱後京都時期，在 2015 年 12 月的聯合國第 21 屆氣候變遷大會（COP21）上，196 個締約國通過《巴黎協定》（Paris Agreement），並在隔年 11 月 4 日正式生效。

《巴黎協定》對於氣候行動有更清晰的戰略目標，同時將開發中國家納入約束範圍，致力實現「以工業時代前為基準值，在 21 世紀末時，全球升溫必須小於 2°C，並以 1.5°C 為追求目標。」《巴黎協定》重新分配全球溫室氣體的減量責任，也就是說，不論是已開發還是開發中國家，都應該共同承擔減量責任。

因此，《巴黎協定》強調「國家自定貢獻」，要求各國每 5

年檢討自主減量貢獻與減量目標之執行成效。

同時，在國際間每年籌措 1,000 億美元氣候基金，幫助開發中國家制定節能與氣候變遷因應計畫；並且增強透明度框架，要求締約國政府透明化氣候行動計畫與相關調節適應措施。

「氣候議題事實上是發展議題，而非單純的環境議題，」國際氣候發展智庫執行長趙恭岳分析，其實在《巴黎協定》通過前一年，聯合國的主要議程是確立 17 項「永續發展目標」（Sustainable Development Goals, SDGs），而氣候變遷議題則是歸類在目標 13（Goal 13），亦即「採取緊急措施以因應氣候變遷及其影響」，呼籲各國必須強化針對氣候變遷的因應措施與災害抵禦的能力。

而當前的氣候危機，是人類社會自工業革命兩百多年來，其生產活動所引發的後果；國際社會從永續發展的脈絡思考，正期盼在社會、經濟與環境三者間達成動態平衡，趙恭岳指出：「國際氣候發展制度，希望透過發展的角度解決氣候議題，進而提出解方。」

此外，根據趙恭岳的觀察，《巴黎協定》重要之處在於，城市的角色首次被放在國際氣候談判中。尤其全世界有超過一半的人口居住在城市，城市可說是對抗氣候變遷的最前線。根據國際能源總署（International Energy Agency, IEA）估算，全球城市的能源消耗占全球溫室氣體約 75%，如果沒有將城市的角色置放在淨零轉型中，恐怕減碳成效是相當有限。

### 除了減緩，也應調適

《巴黎協定》裡也規範了次國家體系的戰略位置，這對各國

↑ 在格拉斯哥氣候峰會上，首次要求各國須逐步減少燃煤與淘汰化石燃料補貼。（圖片提供／Shutterstock）

氣候行動有很大的啟示作用，愈來愈多政府、企業與民間團體開始思考，如何透過城市數位化與智慧化的途徑，來達成低碳城市的目標。

2021年11月，世界各國代表齊聚格拉斯哥氣候峰會（COP26），達成《格拉斯哥氣候協議》（Glasgow Climate Pact），這是人類國際氣候談判史上，首次針對減少煤炭使用制定規範，要求各國逐步減少燃煤與淘汰化石燃料補貼。

這次的協議亦加強檢討2030年國家自定貢獻目標強度，以及強化各國非二氧化碳溫室氣體減量行動。聯合國政府間氣候變化

專門委員會（Intergovernmental Panel on Climate Change, IPCC）更是在 2022 年 2 月時，公布第六次評估報告，指出全球暖化將在 20 年內造成地球升溫 1.5°C，呼籲締約國應採取更積極迫切的氣候行動，必須在 2030 年達到溫室氣體排放量減半、2050 年實現淨零轉型，才有可能將溫室氣體控制在目標範圍。

同時，IPCC 也不斷提醒，各國政府不能只聚焦在「減緩」溫室氣體，透過「調適」以因應氣候災難衝擊的準備也相同重

↑ 面對全球平均溫度不斷上升，除了淨零排放，還須強化城市的綠色韌性。（圖片提供／Shutterstock）

要；政府應及早協助脆弱族群提升氣候韌性和適應力，同時改善城市綠色基礎建設。因為人類減少溫室氣體排放的速度，恐怕遠遠不及氣候浩劫與災難的到來。

　　人類生存的環境如履薄冰，腳下的冰也正迅速消融。為了避免地球繼續升溫，國際氣候行動正式進入淨零排放（Net Zero）的深水區。

# 1.2
# 從立法開始擬定戰略

淨零轉型是對下一個世代的承諾，
也是社會團結的重要基礎。

2021 年 4 月 22 日，是一年一度的世界地球日。那一天，時任總統蔡英文公開宣示，台灣將在 2050 完成淨零轉型的決心。

時隔兩年，2023 年 1 月 10 日在立法院三讀通過《溫室氣體減量及管理法》修正草案，同年 2 月 15 日總統公布施行該法，正式更名為《氣候變遷因應法》，納入淨零排放目標、氣候變遷調適專章、徵收碳費專款專用、提升氣候治理層級等範疇，具體建構具有韌性的氣候法治基礎。

而行政院也公布了「臺灣 2050 淨零排放路徑及策略總說明」與「十二項關鍵戰略行動計畫」，以能源轉型、產業轉型、生活轉型和社會轉型做為四大轉型目標；發展風電與光電、氫能、地熱等前瞻能源，以及推動運具電動化、提升碳捕捉利用及封存技術、強化綠色金融、落實公正轉型等項目做為 12 項關鍵戰略。

這 12 項關鍵戰略行動計畫，由經濟部、環境部、國科會、交通部、金管會、農業部、內政部等部會，展開跨部會、跨領域合

作，共同邁向 2050 淨零轉型的總體戰略目標。

## 淨零轉型應回到科學的基礎上

「目標是一種承諾，台灣身為地球村的一員，要共同承擔責任，」清華大學科技法律研究所教授范建得指出，淨零轉型總目標的設定，是對下一個世代的承諾，也是社會團結（social solidarity）的重要基礎。

打造一個永續有韌性的環境與社會，已經不是國際約束、綠化供應鏈或是回應歐盟碳邊境調整機制（CBAM）等貿易機制的問題，而是人類根本的生存問題。范建得表示，能源是台灣最關鍵的課題，能源使用與排碳結構息息相關，不僅貫穿台灣經濟發展模式，亦是環境生態破壞的主因。

相比歐美能源大國，台灣當前的能源結構並沒有樂觀的餘裕，能源轉型迫在眉睫。

范建得說：「行政院所規劃的 12 項戰略，主要在解決各領域所面臨的問題，但更重要的是，我們應該回到源頭解決問題。」

個人行為和草根減碳行動固然重要，但是相較個人主義式、個人化的處理碳循環問題，范建得認為要回到科學基礎上，國家領導者應該擺脫單位成本的思維，才能真正處理好能源轉型問題，「台灣的淨零轉型不能期待 2300 萬人的善意。」銳利而精準的評論，范建得直探台灣淨零轉型的核心問題。

其實此言不假，依照國際能源總署報告顯示，如果全球要在 2050 年實現淨零排放目標，工業需要減少 95% 的碳排，朝向除碳化目標前進。但這一點，在實務操作上，卻遭遇相當大的挑戰，

尤其是中國、印度等發展中國家。

以鋼鐵產業為例，中、印等國仍使用以煤炭為基礎的高爐，做為主要的鋼鐵生產技術，減碳項目僅能依賴碳捕捉再利用與封存技術（CCUS）；若要達到深度、除碳化的鋼鐵生產過程，需使用直接還原鐵、電弧爐等以綠氫為基礎的生產製程，不過這對爐內冶煉程序、時間與物料成本會產生重大變化，考驗世界各國政府與企業的減碳發展策略。

另外，何謂擺脫單位成本思維？范建得認為，應從改變工業區能源使用結構著手。

### 架構綠色經濟生態

「若以高雄為例，先不談單位成本，用氫燃料供應中鋼或日月光這種大廠的生產製程，」范建得舉例，這樣一來，業者的產

↑高雄的石化與鋼鐵產業帶動台灣經濟成長，也讓高雄在淨零轉型策略有別於其他縣市。（圖片提供／Shutterstock）

品也將成為低碳建材,同時降低製造部門的碳排放量。而多餘的氫燃料能源,可以供應給城市中的充電樁使用,以實現運具電動化的綠色交通願景。

話音至此,范建得笑著說,一定有許多聲音開始質疑,用氫能燃料發電的一度電成本,可能比石化燃料發電成本高百餘倍;但是如果有碳定價的思維,那省下一噸碳的價格在歐洲是60歐,將省下的百萬噸碳去進行碳交易,其數字會相當可觀。

「碳交易回來的錢,再用來補貼氫燃料電廠,並在充電樁、綠建築制定碳權計畫,」范建得分析,如此一來,氫能燃料發電成本將會下降,在綠色交通、綠建築上又能取得更多碳權,而綠色金融也會給予前述產業優惠融資,此刻「綠色經濟生態」已儼然成形。

根據范建得的觀察,韓國高喊第二次能源轉型,要擺脫單位成本的觀念,其實是有它的立論基礎。不過,他也提醒,根據物權法定主義來說,只有在氣候公約體系下產生的碳信用額度,才具有財產權的概念。

至於自願減碳僅能算請求權,是一種準物權概念,不能做為財產權理解。只有在公約授權國家許可的計畫與條件,所達成的減碳額度,才能被認可為碳權。

「碳信用額度或是碳權本身,不應該變成炒作的標的,那是不合理的,」范建得強調,沒有人因為碳權致富,碳權本身的價值是在於後面的計畫金融,也就是挹注給減碳過程中,做為專業執行者後盾的綠色資金,如此才能帶動真正的綠色產業鏈、落實綠色永續價值。

而政府與企業部門,唯有持續擴大所謂社會影響的投資,才

會形成完整的綠色供應鏈，總體溫室氣體排放量的控制，才會得到正面的效益。

## 高雄在淨零議題上責無旁貸

回望格拉斯哥氣候峰會，世界各國代表齊聚工業革命起源地，其實深具人類社會推動工業與製造部門邁向淨零轉型的象徵意義。「我認為高雄就像是格拉斯哥的角色，有這樣的意義存在，」談起台灣淨零轉型的國家總體戰略，趙恭岳認為，以城市為度思考氣候問題，是最務實且具有韌性的做法。

而高雄，將成為驅動台灣淨零轉型的火車頭。

趙恭岳提到，這幾年來高雄的氣候行動與淨零政策走得相當前面，譬如高雄在 2024 年舉辦的「2024 高雄智慧城市展」，超過 500 個企業、國內外公部門組織共襄盛舉，針對「數位與綠色雙軸轉型」議題提出多元解方、共同思辨。

首屆「CityCOP 國際城市級氣候峰會」也在高雄揭開序幕，參與論壇的國際組織包含地方政府永續發展理事會（ICLEI）、世界電子化政府組織（WeGO）等，聚焦討論低碳城市、能源轉型與終結化石燃料等重要決議。

高雄在歷史過程中，也有其發展定位，石化與鋼鐵產業驅使台灣經濟成長，讓高雄在淨零轉型上，有別於其他縣市的減碳路徑與產業轉型脈絡。因此，高雄市市長陳其邁在論壇上致詞時，提到「每座城市都有屬於它的故事」，意味著工業轉型的重擔與責任，高雄市政府責無旁貸，並且積極行動、勇敢直面。

台北大學自然資源與環境管理研究所教授李育明表示：「討

↑ 2024高雄智慧城市展中，為數位與綠色雙軸轉型議題討論多元解方。圖中前排左六為高雄市長陳其邁。

論氣候治理與溫室氣體減量責任，台北觀點、高雄觀點一定是不一樣的。」有鑑於工業部門排放量占高雄市最大宗，李育明認為，在思考溫室氣體減量時，高雄經驗將是最為特殊獨到，同時也是最為複雜的。

「高雄的20%，與其他縣市的20%比起來，差很多，」李育明以高雄市工業部門占生產總額55%比例為例，高雄如何促成產業轉型、導入新興技術，將有賴於公部門與產業界的通力合作。李育明認為，高雄市政府在氣候轉型與環境轉型上，都是相當積極面對問題、找出解方，從各局處策略部署來看，首長推動淨零轉型的決心相當堅定。

高雄怎麼做，世界都在看。在淨零轉型的路上，這座工業大城，無所畏懼。

第二課 做就對了

# 邁向
# 淨零城市

# 12 LESSONS
# TO
# NET ZERO ⟶

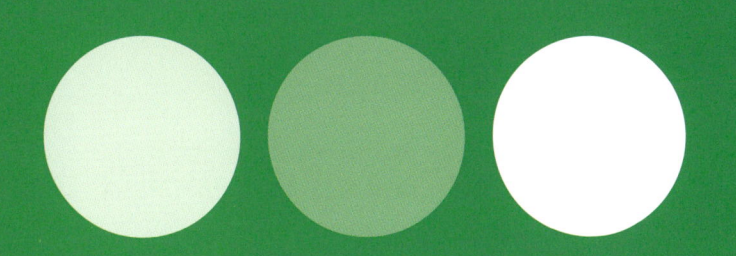

當淨零永續的概念
已經成為一種國際共識時
每一座城市都有責任
為地球盡一份心力

# 2.1
# 高雄的美麗與哀愁

**既然我們不能不做淨零轉型，
高雄就要跑得比別人快。**

　　2024 年 3 月 22 日，一場重量級的國際盛會在高雄展開，來自杜拜、菲律賓、科索沃、日本、韓國、史瓦帝尼、斐濟等國際代表，以及地方政府永續發展理事會（ICLEI）、城市網（CityNet）、世界電子化政府組織（WeGO）等組織共襄盛舉，針對氣候策略能源轉型、低碳城市規劃、氣候調適等議題進行分享與討論。

　　而對於首屆 CityCOP 國際城市級氣候峰會主辦方的高雄市來說，舉辦這場活動別具意義，因為高雄過去是鋼鐵、石化重鎮，碳排放量占全國 20%，如今在市府、產業、市民努力下，已逐漸轉型，2022 年減碳量達 20.8%。

　　在論壇上，市長陳其邁致詞時說：「現在已經沒有猶豫的空間，我既然知道不做不行，就要比別人跑得更快，」他強調，當永續淨零願景成為國際共識時，每一座城市都有責任為地球盡一份心力；高雄做為台灣重工業化的重要推手，淨零轉型不僅責無

旁貸，市政團隊更是全力以赴，希望在多項減碳工作上，都能有所收穫，展現成效。

## 制定全方位減碳策略

隨著立法院於 2023 年 1 月三讀通過《氣候變遷因應法》之後，高雄市也於 2023 年通過《高雄市淨零城市發展自治條例》，成為全國首部通過的地方淨零自治條例。條例中明定，高雄將在 2030 年減碳 30%、2050 年實現淨零目標。

根據高雄市環保局統計，2022 年高雄市年碳淨排放量達到 5,235 萬噸，占全國總碳排放 20%，位居六都之首，近乎是台北市的五倍。

事實上，碳排結構與產業結構息息相關，因此，早在《高雄

↑「CityCOP——淨零永續城市論壇」是由高雄、杜拜、斐濟、史瓦帝尼、科索沃、菲律賓、韓國等城市代表，分享並交流如何兼顧城市發展與淨零策略。圖中前排左五為高雄市長陳其邁、右一為高雄市環保局局長張瑞琿。

↑ 英國愛丁堡參訪團至高雄淨零學院,交流淨零排放政策。

市淨零城市發展自治條例》通過前,高雄市政府便已成立「節能減碳技術輔導團」,邀集國內節能減碳學者專家,針對產業聚落中的鍋爐系統、空調系統、電力照明系統、耗能設備,制定全方面的減碳策略。

近年來,產、官、學等部門在《高雄市淨零城市發展自治條例》框架下通力合作,相較 2005 年基準年,高雄市已在短短數年達到 1,379 萬噸的減碳成果,而這個數字超過台北市一整年的碳排放量。

陳其邁受訪時提到:「永續,是發展智慧城市的目標。」當宜居永續成為高雄城市治理的主軸,市政團隊將以淨零轉型做為最重要的政策對標。

陳其邁深知，要推動智慧城市，需要仰賴大量的人才與技術，並建構大型碳權計畫、取得綠色融資，同時整合中央與地方資源。

無論是新興技術研發、輔導企業轉型、編列碳預算與社會溝通，每一項環節牽涉到的利害關係人與群體皆十分龐雜，尤其在具有更高碳排經濟結構的靠港城市。從過去的城市發展脈絡，尋找因地制宜的解方，是《巴黎協定》給予全球工業化城市，尋找除碳化路徑的啟發。

因此，在述說高雄市政府因應氣候變遷，所推動的城市轉型工作前，我們應該回望高雄，何以成為現在的高雄；以及碳排結構與產業結構彼此間的緊密關聯，何以構築港都的美麗與哀愁。

## 南高雄發展石化工業

長期以來，高雄城市發展及經濟脈動，與石化工業的演進軌跡緊密相繫。隨著石化產業的發展，城市地面形成工業聚落，地底也悄聲地織張了綿密的工業管線。

時間倒回至日治時期，那是高雄石化產業經濟的開端。

1930 年代中期，日本政府實行戰時經濟統制，為南進政策擴大軍需生產模式，從「農業台灣，工業日本」轉型為「工業台灣，農業南洋」。

日本人將高雄港做為東南亞原料進口、港邊工業區加工半成品再運往日本的重要中繼點。1937 年「第三期築港工程」便以「南進要港」為主軸，總督府將高雄定位成「帝國南進的要港都市」，希望強化港埠的軍事運輸任務，並在戲獅甲地區成立軍需

工業區。

正因如此，從日本戰時體制下的工業發展伊始，日人陸續開發投產的煉油、鋁業、機械、肥料及化學工業，構成了高雄成為工業之都的重要基礎。

由於日本政府迫切的軍事工業需求，南高雄形成了以製鋁、化學工業為主的戲獅甲工業區，由「日本鋁株式會社高雄工場」、「旭電化工業高雄工場」、「南日本化學工業株式會社」等重要財閥進駐投資，引入了鋁業、化學、製鐵、肥料、耐火磚等和台灣無地緣關係的產業。

為了提升軍需工業生產效率，日本政府加速工業區聯外建設，如鐵路、道路、港埠系統等，展現了產業鏈結的野心，對高雄產業發展可說影響深遠。

而這些在日治時期發展的鋁業和化學工業，戰後也逐漸轉變為紡織、塑膠產業的起點，不僅促使台灣化學工業現代化，亦成為台灣石化產業的濫觴。

## 北高雄發展煉油工業

另一方面，在北高雄後勁地區，日本政府為提供左營軍港的日本軍艦所需燃料，設立了「日本海軍第六燃料場」發展煉油工業，此為「高雄煉油廠」的前身。

1937年，中日戰爭爆發，日人燃料需求隨著軍備擴張而增加。日本政府在戰時體制下設置燃料局、制定燃料政策、積極投入各種燃料生產方案的研究；同時強化原油輸入、煉製、儲備等，積極因應航空燃料與艦艇燃料需求。

到了 1941 年，日本政府決意在台灣設置第六海軍燃料廠，讓台灣成為在東南亞油田地帶與日本本島間，處理石油並供給作戰部隊的重要燃料生產地，並在高雄、新竹、新高等地建廠；其中，高雄的海軍燃料廠在 1944 年正式開始運轉。

台灣的煉油產業在日治時期打下基礎，戰後則由政府資源委員會所掌管的「中國石油公司」接管，海軍第六燃料廠也改名為「高雄煉油廠」。台灣史學者薛化元分析，台灣的石化工業發展，與二戰前，日本人在台從事的石油開採、化學工業現代化，以及戰時體制制定的煉油計畫與燃料政策，有著高度的關聯和延續性。

此外，隨著中下游產業對於石化原料需求增長，促成了中上游石化產業的擴張，這也讓台灣石化產業出現「逆向發展」的特性。而這些事情，都發生在高雄，因此，可以將高雄石化產業發展史，理解成台灣工業現代化的重要篇章，是一段奠定台灣工業經濟發展動能的故事。

探究這段歷史，將會發現高雄之所以會成為重工業城市，其實肩負了重大的時代使命，工業發展推動的經濟成長與環境苦果，高雄人一肩扛起。

## 二戰後高雄石化業發展

戰後，國民政府軍事委員會資源委員會為了建立國有化的民族工業體系，開始接收各地工業區日產，而戲獅甲工業區中的企業，除了唐榮鐵工所之外，皆轉為公營事業，資源委員會則做為暫時經濟統制機構。

↑ 高雄逐步擺脫工業城的印象，以通透綠意構築美麗市景。

直至1948年時，美國對台通過「援外法案」，協助重建台灣戰後經濟和提供計畫型經濟援助。

所謂計畫型經濟援助，是針對電力、工礦和交通等產業別，進行資源協助，例如1953年到1975年間，美援支持了連續六期的四年經建計畫，其中，電力與工礦產業比例分別占了三成六與二成四。

1953年行政院經濟安定委員會成立，轄下設有四組一會，由尹仲容出任工業委員會召集人，負責配合美援政策擬定「台灣經濟建設四年計畫」，同時適度開放公營事業民營化，如工礦、農林、台泥和台紙等。

美援時期美方投入了技術和資本，提升台灣戰後工業化的發展速度，也提供民營工業小型貸款，為民營化浪潮形成的一股推力，此時政府也藉此推行進口替代工業化政策，以穩固國內民生工業。

## 塑膠工業開始興盛

談到美援時期高雄產業發展，則必須將視角放回戲獅甲工業區，其中最顯著的例子即是台塑。

台塑的前身為福懋塑膠工業股份有限公司。這是美援第一個四年計畫時所誕生的企業，在經濟安定委員會、工業委員會和美援應用委員會授意下，在戲獅甲工業區成立第一座工廠，生產塑膠原料聚氯乙烯（PVC）。

台塑廠區坐落在台鹼、台肥和硫酸錏旁，利於取得PVC所需的氯氣和電石等原料。初期台塑面臨生產過剩的問題，除了倚賴

政府進口原料補貼，台塑也成立南亞公司，利用塑膠製造水管和建築材料，擴大下游產業需求。

這種現象相當有趣，也是多位台灣石化產業研究者曾指出的台灣特色，即台灣石化產業發展歷程具有一種「向後整合、向後連鎖」的逆向發展特性。

在南亞帶動下，台灣的塑膠加工廠數量迅速增長，成功外銷加上強勁的內需市場，造就了台塑帝國的繁盛，創造了龐大的上下游 PVC 產業群，如台塑在 1965 年設置前鎮鹼場、1967 年設置前鎮台麗朗場，皆反應了國內塑膠加工市場的榮景，戲獅甲工業區可說是台灣塑膠原料的發源地。

## 政府政策影響石化產業發展

1960 年代，隨著美援的中止，國家經濟政策由進口替代，轉向出口導向與設置加工出口區。有鑑於下游產業的急速發展，政府開始在 1970 年代建立以中油、台塑為主的石化產業聚落，並在 1972 年的十大建設計畫中，將石化產業納入重點建設項目。

普遍來說，1968 年是台灣史和經濟史學者，界定台灣石化產業體系萌芽的一個時間。

因為台灣第一座輕油裂解廠，位於中油高雄廠中，於 1968 年正式投產，致力於生產塑膠、人造纖維等所需原料，當時政府將一輕，視為進口替代產業的延伸，未有整體發展思維，而是透過與國際資本合作取得技術和資金，並邀請民間資本承接一輕生產的基本原料，擴大中游產業規模。

但當時民間資本多抱持觀望與遲疑態度，經濟學者瞿宛文認

為，主要是因為當時一輕計畫資訊不充分、投資風險高、計畫規模與時間落差大，致使私人企業止步不前；直至一輕投產開工後，政府帶頭示範了石化產業獲利的可能性，才逐漸消除私人企業對市場風險的疑慮。

不過也有學者認為，私人企業對石化產業有一定程度的瞭解，並非對於輕油裂解產品和產製、販售等過程全然陌生，而是考量到中油乙烯、丙烯等原物料的供應價格過高，讓民間資本的參與意願普遍低落。

在一輕建設完成後，由國家、民間和跨國資本投產的中游產業，推動籌劃二輕建設工程，並於 1970 年順利展開。在 1972 年推行的十大建設計畫中，屬於資本密集的石化產業已被納入重點項目，逐漸擴大石化下游市場。

但是，遭逢 1973 年與 1979 年兩次石油危機後，出現原料進口短缺等情況，政府開始籌劃三輕、四輕的建設工程，當時石化業中下游業者積極提出產能保證，加速三輕與四輕的完工步伐。

而在兩次石油危機後，台灣又面臨全球性經濟不景氣、保護主義、台幣升值、工資高漲等壓力，同時石化業帶來的高耗能、高污染、低附加價值的缺點日漸浮現，政府在 1981 年時，著手發展技術密度高、附加價值大、能源係數低的「策略性工業」。

事實上，在四輕完成之際，政府原有意不再發展石化工業，考慮將工業發展政策方向，轉為協助上、中、下游整合，提升附加價值等路徑，而非繼續擴張輕油裂解廠。但後來在權衡經濟效益與中下游業者的銷路承諾後，仍決議推動位於高雄煉油廠的第五座輕油裂解廠籌建計畫，於是政府在 1990 年宣布五輕動工，並在 1993 年完成建廠。

↑ 因應1970年代台灣投入發展石化產業，林園工業區成為南高雄重要石化工業重鎮。（圖片提供／Shutterstock）

但是在此期間，也因為高雄煉油廠帶給後勁社區巨大的環境危害與污染，當地居民發起反五輕運動，成立「反五輕自力救濟委員會」等，要求政府停止興建五輕，並正視當地環境被嚴重污染的事實。

**背負歷史展現的生命韌性**

於是，在不到一甲子的時間，高雄出現了五處輕油裂解廠，以及完整的石化產業供應鏈。以1968年為起點，高雄煉油廠內陸

續出現第一座輕油裂解廠，二輕、五輕也陸續建於此地；三輕和四輕則坐落於中油林園廠中。

此時的仁武、大社等地區，設立了石化工業中游工業區，與後勁的輕油裂解廠，共同築起北高雄的石化聚落；位在南邊的林園工業區、小港臨海工業區等，則逐步形成南高雄的石化聚落。

石化產業的全面擴張，除了帶動經濟成長外，也造成工業成本外部化等環境污染問題，石化災害與健康風險危害，則是在地居民最無奈的困境。

這些產業擴張過程，隱含著國家在發展主義思維下，積極規劃、推動、鼓勵石化經濟根著高雄的產業開發決心。隨著時間推移，逐一落成的石化工業區，不僅形塑了高雄的政治經濟結構，同時框圍了生活的界線和相應生成的社區樣態，也造成了不均質且不對等的環境污染困境，成為高雄無法擺脫的歷史宿命。

自1980年代以來，反對石化工業污染的環境抗爭運動不曾歇停。從後勁社區的反五輕運動、林園事件、大林蒲526事件、大社反公害運動等，不論是大型圍廠的抗議行動、議題訴求的走上街頭，或反抗工業污染為主軸的文化活動等，都是社區居民竭盡全力與有限資源，以不同形式與行動氛圍，所建構出一場場堅實的社會運動，對國家主導的石化產業政策叩問。

因此，當如今的我們，提起淨零轉型概念時，「高雄有獨特的產業發展脈絡」這句話，從來不是推託之詞，而是一座城市複雜且沉重的心情。但也因為沉重，所以更要積極面對環境轉型的挑戰，從而彰顯了這座城市與高雄人的生命韌性。

# 2.2
# 擬定策略，逐步落實

從政策面、法治面到執行面，
以大帶小、超前部署，實踐淨零願景。

　　高雄市溫室氣體排放源主要來自工業、住商、運輸、農業、能源與環境等六大部門。

　　根據高雄市政府環保局 2022 年監測資料顯示，工業部門占高雄市溫室氣體總排放量約 81.8%，其次為住商部門 9.9% 與運輸部門 7.5%。

　　溫室氣體主要排放源來自範疇一，即國際間碳盤查定義的直接排放，是指來自製程、廠房設施與交通工具的排放源。其次為範疇二，指的是公司自用的外購電力等間接排放源。直接排放源與間接排放源，兩者占比約七比三。因產業結構使然，高雄市的淨零轉型之路更顯艱辛。

### 希望企業大帶小共同減碳

　　「高雄市因為碳排放量高，占了全國 20%，如何讓高雄的負

碳變成碳權,這是我們主要推動的轉型方向,」高雄市環保局局長張瑞琿提到,減少高雄市在鋼鐵、石化產業的碳排量,是高雄產業轉型的關鍵問題。

張瑞琿表示,以中鋼一年將近 2,000 萬噸的二氧化碳排放為例,透過鼓勵企業以大帶小的方式,讓中鋼和產業鏈上的扣件業、螺絲業,共同擬定策略,譬如從鋼胚生產到整體製程降低排碳情形,或透過原物料掌控、溫度控制、廢水和廢棄物處理等,每一個環節的碳足跡如何下降,應是產業鏈集體課題。

高雄市政府在 2022 年 6 月成立「產業淨零大聯盟」,產業別橫跨鋼鐵、石化、電子、能源、循環經濟等範疇,希望產業龍頭如中油、中鋼、台塑、群創、台電、綠化環保等指標企業,攜手 70 餘家企業協力合作,實現低碳產業鏈。

此外,高雄市政府也積極輔導產業做碳盤查、推動再生能源、制定溫室氣體增量抵換計畫,並共享減碳技術與成果。如同高雄市副市長林欽榮所言,高雄淨零轉型雖然面對重工業高碳排的劣勢,但是有這麼多元的產業範疇與連帶關係,將是加速新興技術研發與共享的契機。

林欽榮說:「市長希望在未來四年,以重工業為主軸的港都,一定要做好數位轉型和淨零轉型。」推動數位、淨零雙軸轉型,是陳其邁念茲在茲、盯緊市政團隊的第一優先事項。串聯供應鏈減碳進程,帶動地方產業實現淨零轉型,才能真正地讓高雄從重工業城市走向減碳前段班。

事實上,面對環境轉型議題,高雄市早在 2017 年成立「高雄市永續發展暨氣候變遷調適會」,做為推動氣候與永續發展的上位平台組織。2021 年,高雄市政府完成首本「永續發展自願檢

視報告」，展現首長帶領市政團隊推動永續發展的決心。

## 超前部署邁向淨零排放目標

2022 年永續發展委員會調整編制成 5 個小組，分別是綠色經濟組、永續願景組、永續安全組、永續教育組和永續環境組；同時發表第二本「永續發展自願檢視報告」。

同年宣布「高雄市 2050 淨零路徑」，擬定能源轉型、產業轉型、生活轉型和社會轉型四大轉型策略；涵蓋淨零技術和負排放技術的「科技研發」，和包含法規制度及政策基礎、碳定價綠色金融的「氣候法治」做為兩大治理基礎，依此制定 18 項具體策略，以及「降低電力排碳係數」、「打造低碳產業鏈」、「淨零生活模式」，以及最重要的「協助弱勢不遺落下任何人」等四大目標。

為了回應政府所公布的《臺灣 2050 淨零排放路徑及策略總說明》，高雄集結產官學各方力量，擬定執行策略，從能源轉型、工業轉型、運輸轉型、住商轉型、農業轉型、環境轉型、淨零綠生活、碳匯和公正轉型等九大轉型面向著手，對應 SDGs 項目制定短、中、長期量化與質化目標，集結府內各局處之力積極執行，同時進行滾動式調整。

從政策面、法治面到執行面的超前部署，讓高雄市的溫室氣體排放量，從 2022 年數據來看，相較 2005 年為基準年減少 20.8%，減碳績效全國第一，成功跨越國家總體設定的第一階段目標。

高雄市環保局推估，2021 年至 2025 年間，預估可減碳 217

萬噸，通過跨局處部門，以及政府企業公私協力，將落實 2030 年減量 30%、2050 年淨零排放的目標。

「有些是民間走在我們前面，有些是政府必須把政策拿出來，」張瑞琿認為，要達到淨零排放，每一個階段性目標都要確實達成，政府的角色即是仲介者。

在產業端銜接上中下游廠商，整合進入減碳製程；在公務體系部分，則要求每一個局處提出相應減碳計畫，甚至要求主管機關所管轄的相關產業，都能提出相應減碳計畫，讓該主管機關能提出碳權，「把碳排轉成碳權，是相當重要的轉折，」張瑞琿認為，政府部門在政策制定上，棒子和蘿蔔同樣重要，因為淨零業務牽涉議題龐雜，需要讓每一端的執行者體認到共同政策方向，才能集體一起往前走。

「我們希望在 2026 年，能達成 5,093 萬噸、下降 23% 的目標，」張瑞琿表示，能源轉型和循環經濟，致力改變石化燃料為主的線型經濟模式，都是高雄市政府積極推動的淨零業務。

### 運用大數據，掌握轉型脈動

為了能落實在城市氣候治理的框架下，打造綠色經濟與韌性永續的智慧城市，2023 年，高雄市政府創設「氣候變遷城市韌性數據資訊平台」，將碳排放資料進行視覺化管理，整合碳排放、空污、水利與農業等大數據資訊。

2024 年時更進一步導入氣象及氣候的因應氣候風險評估，透過專家學者和高雄市政府永續發展暨氣候變遷因應推動會共同合作、研商調適行動方案，建置「高雄市氣候變遷調適韌性平台」

（Kaohsiung Adaptation Platform, KAP）。

此平台的功能包括評估高雄氣候及地理及社會經濟背景、收集 IPCC 與 TCCIP 氣候科學資料、設定智能化告警、即時環境資訊、開發氣候變遷風險圖台、建置調適執行方案填報系統，以即時因應災害現況，推估未來氣候情境造成特定區域之特定風險，以及管考調適計畫之推動成果與其他等功能，以利做為高雄市推動、研擬調適相關策略之運用工具，提升城市調適韌性，逐步邁向宜居韌性城市之願景。

而民眾、機關只要上網，就能瞭解本市氣候變遷背景、歷史災害及現況資料，並透過科學數據及圖資蒐集整合及案例說明，以利依需求進行應用等。

調適韌性平台不僅有助於市府團隊掌握城市轉型脈動，更讓民眾清楚意識到，這座城市正邁向永續淨零及韌性的道路上，自己正身處在智慧韌性城市裡。

## 成立淨零學院打造跨領域平台

除了積極擬定策略，城市的淨零轉型需要跨界合作，以及各方面人才投入。因此，高雄有了打造「淨零學院」的構想。

「淨零學院裡，有各行各業的學員，」張瑞琿說，成立學院的概念源自於陳其邁市長的想法，他認為要培育更多人才，讓更多人具備淨零轉型及碳權知識，即使公務人員也不例外，「所以高雄市政府從局處首長到承辦人，都被要求接受訓練，」張瑞琿支持並肯定這樣的做法，因為如果不瞭解專業知識，如何推動業務？又如何協助產業走向淨零途徑？

↑ 高雄市長陳其邁(前排左五)推動成立淨零學院，與18所大專院校與產業界合作，培養淨零人才。

因此，在淨零學院中，聚集了來自四面八方，不同產業、不同專業知識背景的學員，儼然成為產業鏈技術交流的場域。學員利用受訓機會取得所需課程認證，同時結識跨領域人才，分享減碳與淨零轉型的新興技術。

### 與產業、學界合作，加速培養淨零人才

目前，淨零學院課程涵蓋範圍極廣，包括碳足跡、碳減量、能源管理等不同面向，更邀請中鋼、台塑、日月光、中油等單位業師，融合「產業淨零大聯盟」平台，讓產業端的實務經驗涓滴

↑
上：淨零學院邀請國外專業人士進行交流。
下：淨零學院課程涵蓋範圍極廣，包括碳足跡、碳減量、能源管理等不同面向。

48　第二課 做就對了 邁向淨零城市

擴散，針對碳捕捉、AI 技術導入和循環經濟做實務交流。

此外，淨零學院也攜手 18 所大學跨區開辦校園課程，也媒合開設企業專班，培養企業淨零專才與相關知識。

截至 2024 年 9 月底，淨零學院已經培訓超過 2,800 人，並且頒發 970 張證書，其中高雄市政府有 1,916 人受訓，共取得 673 張證書，包含市長在內的 41 位局處首長，皆取得至少 1 張的 ISO 證書。

教育是國家發展的基石，淨零學院從 2023 年 11 月揭牌運作至今，完美演繹了淨零轉型的教育實踐，為國家累積深厚的淨零人才底蘊，構建堅實的知識基礎。

而高雄的淨零轉型策略，正是其他地方政府淨零轉型的最佳典範。

## 第三課　能源轉型

# 發現潛力產業

# 12 LESSONS TO NET ZERO⟶

研發綠能朝向能源轉型
是各國積極發展的目標
一切都為了未來能踏上
淨零排放的永續道路

# 3.1
# 深耕儲能技術搶攻綠能市場

**替代能源技術發展帶來新商機，**
**也改善人類身處的自然與城市環境。**

2009 年成立於德國波昂的「國際再生能源總署（IRENA）」，是推動全球能源轉型的跨國政府合作平台，提供各國再生能源技術研發、政策制定與金融投資等協助。

該組織認為，如果要將全球氣溫控制在工業化前水準的 1.5°C 內，並且在 2050 年建立淨零碳排系統，世界各國的能源部門需要即刻展開去碳化行動；而能源轉型成功的關鍵，在於人類社會需要在 21 世紀下半葉，改變以石化燃料為基礎的能源結構，轉型零碳排的能源生產方式。

### 轉型政策與配套雙管齊下

國際再生能源總署也指出，能源轉型不僅有豐厚的科學證據支持，也將是各國因應極端氣候的主要減碳策略；隨著替代能源、節能與創能等技術發展，將會帶來新的工作機會與經濟成

長,同時改善人類身處的城市與自然環境。

由此可見,能源轉型在邁向淨零排放的路上,扮演極為重要的角色。

做為一個海島國家,台灣有98%的能源仰賴進口,因此,如何提升能源自給率、降低能源進口依賴,以實現「能源多元化」的目標,是我國長期重要的能源發展方針。有鑑於近年來台灣科技產業蓬勃發展,加速綠能項目研發,並且達到規模化與產業化,則是行政院在2016年起草「綠能科技產業創新推動方案」主要目的。

整體來看,「綠能科技產業創新推動方案」是以「創能、儲能、節能、系統整合」為推動主軸,希望以國內產業需求為基礎,引進國內外大型投資,並擴大國內綠能就業市場,預期能帶動3.2萬人的就業機會。

以創能來說,主要側重在風力發電、太陽光電、氫能發電;儲能則著重於研發固態氧化物燃料電池（SOFC）;此外,也對社會大眾積極宣導新節能運動,並透過智慧電表與微電網之系統整合,提升能源使用效率,希望在2025年時,能達成燃煤30%、燃氣50%和再生能源20%的能源配比目標。

行政院也提出五項配套措施,包括成立國家再生能源憑證中心、推動綠色金融行動方案、修正再生能源發展條例、補助電動機車、提供住商部門節能設備補助,在政策主軸與配套措施互相搭配下,逐漸落實台灣能源轉型與創新產業發展的永續目標。

事實上,在邁向能源轉型階段,提高再生能源使用比例,如太陽光電、離岸風電固然重要,但建置優良的儲能設備,則有助於提升能源使用效率。

尤其近年來隨著交通運具全面電動化趨勢，發展友善環境、能因應多元能源特性的儲能技術，不但可以落實淨零排放的目標，也能幫助產業在商機無限的綠能市場上，占有一席之地。

## 投入資源扶植電池產業

早在二十年前，台灣電池產業就曾引領全球，僅次於日本，不僅奠基厚實產業技術，如鋰電池、正極材料（鋁箔）、負極材料（電解銅箔），也培養出眾多優秀的產業人才。不過因台灣內需市場太小，加上早年缺乏政策支持，導致產業人才出走。由於電池產業是一個資金密集、技術密集且利潤薄弱的產業，因此許多電池材料專業人才，受到技術後進國家挖角之後，對台灣電池產業發展來說，逐漸形成人才斷層。

↑ 固態電池具備安全、壽命長等優點，已成為綠能科技的發展趨勢。（圖片提供／Shutterstock）

有鑑於疫情後全球供應鏈重組，加上國際市場對於綠色供應鏈的要求，以及半導體等科技產業需求擴大，我國政府在 2021 年 5 月 21 日核定「六大核心戰略產業推動方案」，將電池產業納入國家戰備產業，加大政府對於國內電池業者的扶持力道。

　　舉例而言，政府在推動電動巴士國產化時，鼓勵電池業者投入電動車系統整合，讓電池廠與電動巴士廠對接，促進產業發展。此外，國內產官學研各界，亦朝向電池產業鏈連貫性發展的方向努力，也就是從礦物原料提煉、電材料製作，到電池、系統及元件設計組裝，有助於驅動上中下游產業一條龍的整合。

　　除了被高度應用的鋰電池技術外，台灣近年來深耕固態電池領域的成果，亦受到國際市場矚目。

## 發展先進固態電池技術

　　若簡述鋰電池與固態電池的差異，大致能用一句話總結，即固態電池是以固態隔膜，取代鋰電池的聚合物隔膜和電解質。在鋰電池中，離子通過液體電解質從一個電極移動到另一端；不過在固態電池中，則是由固體化合物取代液體電解質，本身有更高的能量密度與安全性。相較於鋰電池，固態電池有更長的壽命、電池電壓與容量。

　　台科大永續能源發展中心主任黃炳照比喻，現階段的材料科學研究指出，鋰離子的傳導效率在固體電解質材料中，比液體電解質快，黃炳照說：「就像提供給鋰離子的高速公路。」不過，這項技術仍在發展階段，但可以確定的是，在不久的將來，此項技術必然會在碳中和時代占據一席之地。

# 3.2
## 興達發電廠
# 發展混氫技術實現減碳目的

實現淨零排放目標，
氫能將是一項重要的能源選項。

　　依照國際能源總署的規劃，全球若想實現 2050 年的淨零排放目標，氫能將是一項重要的能源選項。國際能源總署每年出版的《全球氫能評論》中，也定期追蹤世界各國氫能生產現況與需求，關注各區域基礎設施發展、國家政策走向、投資和創新技術進展情形。

　　根據最新報告統計，在世界各國政府逐年擴大低碳排氫氣生產下，到了 2030 年，低碳排氫氣年產量可達到 38 公噸，但是做為能源生產用途的氫氣，僅占 14 公噸。因此，擴大需求端、強化氫氣做為主要能源使用，仍是各國政府需要努力的目標。

　　國際能源總署也提醒，如果要達到 2050 年淨零排放，氫能需要占全球整體能源供給比例的 13%，所以各國政府紛紛制定相關措施，刺激各生產部門使用氫氣。目前，世界各國都在積極布局氫能發展，其中，日、德、韓及澳等國已公布氫能發展國家策略，同時啟動多項大型示範驗證計畫。

台灣政府雖於 2022 年 3 月公布淨零排放路徑，並將氫能列屬重點規劃項目之一，應用於發電、產業應用及載具等面向，但台灣的氫能發展尚處於起步階段，國內產業鏈多以示範與研發階段為主。

## 成立推動小組積極發展氫能

從產品端來看，目前出現與氫能相關的產品，包括氫能燃料電池及周邊相關產業所生產的材料。而過去與氫能發展相關的政策工具，主要來自於氫能燃料電池的裝置。

譬如國家傳播通訊委員會依據「強化防救災行動通訊基礎建置計畫」，補助燃料電池業者協助國家架設具有防救災功能的通訊平台之電源設施；2022 年經濟部制定《定置型燃料電池發電系統設置補助要點》，鼓勵國內燃料電池系統發展，協助業者導入氫能做分散式發電應用。

由於氫能在台灣使用程度不高，因此政府僅透過補助措施，鼓勵業者發展氫能技術，之所以為何會如此，必須回到台灣能源使用現況，或許能一探究竟。

台灣 96% 以上的氫氣，是來自於天然氣重組，但是國內天然氣源頭多來自進口，現行接收站與儲槽量有限，且天然氣主要用於發電及民生用途，實際運用技術發展上十分有限。

因此，台灣氫能發展需要突破兩大課題：其一是台灣再生能源自產氫氣量不足，仍須透過國際進口，需要建立穩定的進口來源；其二為氫氣進口仰賴液氫船運送，但是台灣液氫接收站的相

↑ 興達發電廠做為氫能示範機組，成為國內推動氫能發展的重要據點。

關基礎設施，還處於評估與技術驗證階段。

　　為了加速國內氫能的發展，行政院在 2023 年核定「氫能關鍵戰略行動計劃」，並在經濟部成立「氫能推動小組」，編列兩年 40.61 億元的預算，以高雄興達發電廠做為氫能示範機組。同時，在高雄港洲際貨櫃中心評估設置液氫接收站，預計年接收量達 20 萬噸。

　　而氫能推動小組的首要目標，是結合公部門與國營事業資源共同合作、規劃氫能發展政策，落實政策推動與示範效果；最終，希望在 2050 年時，氫能可以達到總電力占比 9% 至 12% 的目標。

氫能推動小組制定了短、中、長期目標。短期目標以 2023 年至 2030 年為分野，強化混氫技術國際合作，包含引進國際混燒技術，以既有天然氣與燃煤機組做整改試燒；建構國內氫能發電維運人才；天然氣重組產氫與碳捕捉封存系統整合技術開發；國際液氫輸送、儲存技術合作；國際氫生產及供應鏈評估、推動氫能產業合作等。

至於中長期目標，則是以 2031 年至 2050 年為度，期望實現氫能發電比例達 9% 至 12%；建立工業氫能技術、布局氫氣減碳製程；與國際主要氫輸出國建立氫氣供應鏈；累積具備自產氫氣能力、穩定長期氫氣供應的能力；建置大型氫輸儲基礎設施；發展加氫站營運商業模式；擴大氫氣供應網絡等。

## 國營事業帶頭深耕技術研發

既然國家已將氫能視為實現淨零轉型的關鍵戰略一環，氫能的發展與推動自然成為重要大事。第一階段的推動工作，便落在台電、中油與中鋼等國營事業身上，必須依照國家規劃目標，展開氫能應用與技術開發等重要工作。

以台電來說，為了配合政府淨零排放及積極發展氫能技術的目標，積極投入對能源轉型工作來說相當重要的「電力去碳化」技術，透過混氫 5% 試燒計畫為開端，來達到電力去碳化的目標，並以複循環天然氣電廠——位於高雄的興達發電廠，做為實證場域。

興達發電廠是台灣第三大發電廠，位於高雄市興達港南側，興建於 1971 年。內部建置有 4 部燃煤機組，裝置容量合計為

2,100MW。因應經濟發展用電需求，於 1998 年陸續興建完成 5 部燃氣複循環機組，裝置容量則達到 2,200MW 左右。

興達發電廠氣渦輪機經理林榮山表示：「現階段興達發電廠燃煤機組 1、2 號機已經除役，剩下 3、4 號機組，加起來發電裝置容量約為 1,100MW。與燃氣機組所提供約 2,200MW 發電量比起來，燃煤與燃氣比例約為一比二。」而在另外 3 部興建中的燃氣新複循環機組完工後，將可以提供 3,900MW 裝置容量。可見興達發電廠已進入「煤轉氣」階段，在既有燃煤機組除役之際，台電亦兼顧整體電力負載成長需求、同步新建燃氣機組。

除了確保電力供應無虞之外，興達發電廠也透過投入試燒計畫檢視混氫發電成效，並於 2023 年底提早達成混氫 5% 試燒計畫之目標，可說是台灣淨零轉型里程碑。

為了加速推動電力淨零轉型進程，台電公司綜研所與中研院合作，運用中研院所研發之潔淨氫能（去碳燃氫）的生產技術，希望能進一步突破目前以氫氣槽車運送氫氣的情況，持續提升混氫發電效率。

因此，台電公司綜研所與中研院於 2023 年 2 月簽署「減碳及綠能技術發展應用合作備忘錄」，共同合作研發去碳燃氫發電應用技術，於 2023 年 9 月完成 kW 級「去碳燃氫」發電應用技術驗證，同時規劃擴大應用規模之可行性。

### 邁向更成熟的混氫技術

與中研院合作的「去碳燃氫」發電技術，是在興達廠區安裝一台商用小型氣渦輪發電機組（約 5MW），預計在 2027 年之前，

↑ 左：連接氫氣槽車場庫和機組間的管路，紫紅色為氫氣管，其餘是控制空氣管、廠用水管、氮氣管。
右：SGT6-2000E 氣渦輪機燃燒室頂部的燃料管路。

仍先以氫氣槽車方式供氫混燒試運轉。同時，中研院將逐步擴大「去碳燃氫」模組規模，希望能在 2028 年達到可混氫運轉至少 20% 的目標。

所謂的「去碳燃氫」發電技術，是一種透過「甲烷裂解」（Methane pyrolysis）方式，將主成分是甲烷的天然氣，放在無氧條件下，裂解產生氫氣和固態碳，再用氫氣做為發電或發熱燃料。

甲烷在燃燒前，分子中的碳是以固體形式分離出來另做使用，同時產生氫氣；所以，後續的燃燒並不會產生二氧化碳，以這種技術所生產的氫氣，可以再混入天然氣混燒，或是以全氫直接燃燒方式發電，屬於零碳潔淨的電力。

根據中研院表示，目前技術可以達到去碳燃氫模組串接 65KW 微氣渦輪機混氫 10% 發電，初估比較，若以發電效率 50% 為條件，推算每一公噸天然氣直接發電會產生 7,700 度電，並且排出 2.75 公噸二氧化碳。

但是如果運用去碳燃氫技術，以 100% 裂解率、使用全氫燃燒發電，或是氫燃燒發電轉換效率 50% 的條件下，會產生 4,277

↑ GT3-3 混氫管閥模組是在圖中藍色箱內部安裝混氫管閥模組，內部氫氣經由小管路注入天然氣管中與天然氣混合。

度電，但是完全零碳排。

不過，目前全氫發電的技術還未成熟，世界各國仍在研發燃燒發電機組所需材料以及系統設計；全氫燃燒渦輪發電小型機組，已有國際能源大廠西門子能源公司設計研發中，最快 2030 年後才會有大型機組商業化的趨勢。

「接下來我們要繼續往 15% 混氫進行，」林榮山解釋，台電跟西門子能源公司正在努力往下一階段測試混氫，興達發電廠的燃氣舊複循環機組現在所使用的 SGT6-2000E 氣渦輪機，是第一次嘗試混氫運轉，技術仍在改進，如燃料閥門、管路設計等的調

整。林榮山觀察，以目前 5% 混氫的減碳效能來看，單台氣渦輪機滿載（100MW）時，每小時可以降低二氧化碳排放量約 1.2 公噸，成果相當亮眼。

「氫氣一定要是藍氫、綠氫或藍綠氫才有意義，」林榮山語重心長地說，目前氫氣發電成本仍高，未來若要增加氫氣發電，要思考如何取得便宜又乾淨的氫氣以降低發電成本。

### 成為電力除碳化的典範

所謂綠氫，是利用再生能源如光電、風電等，對水進行電解而產生的氫氣。藍氫常用的產生方法是藉由蒸氣甲烷重組法（SMR），將天然氣中的甲烷重組為氫氣和二氧化碳，並將二氧化碳分離收集起來產生的氫。至於藍綠氫，則是透過熱裂解法，將甲烷裂解為氫氣和固態碳。

而無論是藍氫、綠氫或藍綠氫，取得技術與成本並不低，燃氣機組之所以要混氫，目的是降低燃燒後產生的二氧化碳，但評估減碳的範圍若只限於電廠發電過程，可能會忽略許多未考慮的碳足跡，這也是發展混氫發電技術中，需要關注的重點。

即便如此，投入混氫發電技術的研發，在落實淨零轉型的過程中，仍舊有其重要意義，在產官學界緊密合作下，台電興達發電廠朝向更成熟的混氫技術邁進，改變既有的能源使用結構。而目前混氫成果也已經成為台灣電力除碳化的典範，相關減碳發電技術，將持續在廠區擴大示範規模

台灣最先進的能源轉型項目，正在高雄發酵、在高雄發生。

# 3.3
## 台灣中油
## 氫能載具實用化

建置完善的關鍵基礎建設，
才能有效提高綠色載具的使用率。

　　同樣是國營事業的中油，為了順應國家淨零政策，在 2022 年時投入前瞻研發預算 28.98 億，研究智慧綠能、高值材料、生質油品與循環經濟等領域，以石化高值化、綠色能源產業做為開發樞紐。中油投入的重點項目，包含地熱能分析、太陽光電技術開發、碳捕捉及利用與封存技術、重質油料高值化及軟碳衍生相關儲能材料開發應用，以及加氫示範站評估建置等研究。其中，中油將肩負「氫能供應商」的角色，引起各方高度關注。

### 加氫站是氫能載具實用化的關鍵

　　汽車加油需要到加油站，電動車充電要找充電站或充電樁，氫能載具若想邁向實用化，就必須建置加氫站，才能提供使用氫能燃料電池驅動的氫能載具所需電力。

　　而做為國營企業，中油協助國家發展氫能載具應用責無旁

貸，而被視為關鍵基礎建設加氫站，則是中油首波投入資源的計畫。中油所設置的加氫示範站地點選在高雄，目前也積極與交通部研擬大客車示範運行計畫，希望藉此提升氫能載具的使用率。

基本上，加氫站分為機動式、可移動式與固定式，氫氣補充方式則有現場製氫與場外製氫。以中油加氫示範站為例，其主要設施分為三大區塊，分別是氫氣供應區、可移動式加氫站設備主體區、加氫泵島區等，初步規劃氫氣供應區在示範初期時，由氫氣槽車區所組成，每日供氫量為 210 公斤，約可以服務 7 台大型巴士。

根據國際能源總署去年統計，截至 2023 年 6 月，全世界加氫站有 1,100 座，主要分布在中國、日本、韓國及歐盟等地。歐盟國家近年積極投入加氫站設置工作，強化城際加氫網絡以及氫能車輛產業鏈，目標在 2030 年時設置超過 500 座加氫站。

日本方面也規劃在 2030 年達到 900 座加氫站，並制定「日本氫氣與燃料電池示範計畫」與「氫能基本戰略」，最終目標是希望以加氫站取代加油站。

↑ 中油綠能科技研究所長期關注 SOFC 的產業發展，投入關鍵原件開發與系統測試驗證，透過與國內廠商合作，以建立自主關鍵技術及系統整合為目標。

↑ 於 2012 年成立的綠能科技研究所，以邁向高值低碳、環保節能綠色產業領域為目標，期能成為引領中油轉型的重要研發樞紐。

　　由此可見，世界各國政府對於加氫站的關注度日益提升，希望透過優質穩固的基礎建設，有效帶動產業鏈發展，提高綠能載具的普及度。台灣初期規劃加氫站時，礙於法規尚未周全，推動較為困難，在中油與各級單位協商，結合產官學意見彙整後，經濟部能源署在 2023 年通過《加氫站銷售氫燃料經營許可管理辦法》，規範加氫站設置相關要點。

### 綠能技術研發是轉型重要思維

　　「其實，中油早在十年前，就投入氫燃料電池的研究，」中油綠能科技研究所所長呂國旭指出，中油長期投入氫能分散式發電系統的開發與研究，藉由固態氧化物燃料電池（Solid Oxide Fuel Cell, SOFC）以電化學反應方式，將碳氫燃料能量轉換為電力輸

出,具有低污染、低碳排的能源生產特點。

而在高雄所設置的第一座加氫站,只是中油氫能供應網絡藍圖的起點,在加氫示範站正式運作後,將開始累積操作數據、滾動修正檢討。

未來,期望達到以加氫站取代加油站的低碳轉型目標,甚至透過現地產氫的方式,建置蒸氣甲烷重組(SMR)設備,讓收受的天然氣現地蒸汽重組,透過碳捕捉技術,將灰氫轉化為藍氫。

呂國旭也提到,中油與高雄市政府有相當密切的合作,從新四輕更新計畫、洲際二期石化專區規劃,乃至於加氫示範站,都能感受到地方政府積極且正面的態度。「高雄以前被認為是工業污染大城,因此,陳其邁市長提出了許多淨零政策,中油也制定2050淨零的策略,朝經濟與環境共好共榮的方向努力,」呂國旭認為,在淨零轉型的路上,國營企業角色應該擔負更大的責任,受到政府嚴格監督的同時,也應超前部署綠色能源技術的發展,讓高雄翻轉工業污染大城的形象。

氫氣製程屬於低碳排的能源生產方式,善加運用天然氣產氫技術,並搭配碳捕捉(Carbon Capture, Utilization and Storage,CCUS)將大幅降低能源部門的二氧化碳排放,因此,氫能研究成為全球綠能研究的顯學。

目前台灣的氫能技術,以氫氣供給、氫氣應用,以及基礎設施建置等三大面向,做為主要布局標的,而位於高雄的台電興達發電廠投入混氫發電,中油的加氫示範站也設立在高雄。

由此,不難發現,提升能源效率、增強能源安全與可負擔性,不但是高雄市政府落實能源轉型的重要思維,未來在這座城市中,我們也可以看到更多能源轉型的典範與成效。

第四課　工業轉型

# 大帶小
# 一起做淨零

## 12 LESSONS TO NET ZERO⟶

企業減少碳排
以回應國際法規的期待
免遭市場淘汰

# 4.1
# 科技即是淨零助力

加速減碳科技研發，
對企業與環境永續而言至關緊要。

RE100（Renewable Energy 100）是一項全球企業共同主張的再生能源倡議，由氣候組織（The Climate Group, TCG）和碳揭露計畫（Carbon Disclosure Project, CDP）主導的跨國企業能源結構轉型計畫。

### 建立永續韌性的產業環境

RE100 源自於 2014 年的紐約氣候週，從初期只有幾家企業合作，至今已經擴張成為超過 400 位企業成員加入的大型計畫，國際上著名的企業成員包含 Apple、Google、Meta 等公司。

台灣各領域產業龍頭，也紛紛加入 RE100 計畫，如台達電、聯華電子、華碩、日月光等企業。RE100 要求所有參與企業，須公開承諾在 2050 年前階段性達成 100% 再生能源目標，並且逐年提報綠電轉型進程。

事實上，當全球生產體系開始反思過度倚賴石化燃料從事活動所導致的後果時，各事業單位於綠電與再生能源轉型的速度，關乎企業能源成本，甚至市場競爭力。如何減少碳排、提高能效與增加再生能源占比，才能回應國際環境法規期待、免於遭到市場淘汰。

因此，環境永續的問題，即是企業永續的問題。

根據我國環境部統計，台灣各部門溫室氣體排放占比，依序為製造部門 51.37%、住商部門 19.87%、能源部門 12.98%、運輸部門 12.69%、農業部門 2.16%、環境部門 0.94%。製造部門 2022 年的溫室氣體排放量約為 146.894 百萬公噸二氧化碳當量（$MtCO_{2e}$），主要溫室氣體排放源來自化學工業、電子工業。

政府從 2016 年開始推動兩階段「製造部門溫室氣體排放管制行動方案」，藉由輔導產業綠色低碳轉型、推動能源密集產業轉型、改善老舊製程設備、鼓勵產業整合資源與廢棄物再利用、建立生態化產業體系、強化產業減量責任並鼓勵企業加入國際倡議等方式，促使全國製造部門業者，能在 2025 年減少 144 百萬公噸二氧化碳當量，並且相對 2005 年基準年，達成製造部門碳密集度下降 55% 之目標。

而高雄做為工業大城，製造部門也是淨零轉型的重中之重。

聯合國永續發展目標第九項目標寫到：「建立具有韌性的基礎建設，促進包容且永續發展的工業、並加速創新。」唯有秉持著永續、宜居和智慧發展的治理原則，高雄市政府制定許多產業轉型輔導政策，確保所有企業都能在淨零轉型的路上，不會被遺漏。

譬如，高雄市政府從 2020 年起加入「脫煤者聯盟」（Powering Past Coal Alliance），這是智利、新加坡、斯洛維尼亞、烏克蘭等

經濟合作暨發展組織（OECD）和歐盟成員國，共同組成的脫離燃煤依賴的國際聯盟；各國皆承諾在 2030 年前淘汰燃煤，停止新建燃煤電廠與確保公正轉型。

而高雄市也利用 3 座火力電廠和 15 座燃煤汽電共生鍋爐做為能源轉型切入點，從能源生產端推動降低電力排碳係數、減煤計畫構建等做法。在 2023 年 9 月停止轄內最大電廠、興達發電廠其中兩部燃煤機組運作，規劃於 2025 年正式燃煤除役。

此外，加速減碳科技研發，對企業與環境永續而言至關緊要，高雄市政府積極整合產官學研的力量，希望提供企業良好的科技創新環境與自主試驗場域。譬如和工研院、森威能源、美商奇異等業者，密集交流技術與共享脫煤策略，針對碳捕捉技術、

↑ 高雄市長陳其邁(中)推動成立產業淨零大聯盟，希望企業能以大帶小的方式，一起分享減碳技術，實踐淨零轉型。

低碳燃料轉換技術、AI製程應用和精進製程等面向，多方面思考脫煤路徑的可能性。此外，也邀集汽電共生業者，提出減煤目標和相關脫媒措施。

環保局局長張瑞琿說：「脫煤減碳是國際趨勢，COP28的阿聯酋共識（UAE Consensus），正是強調產業轉型脫離化石燃料。」如何運用科技、讓科技成為轉型助力，加速高雄市智慧與數位、淨零雙軸轉型，是高雄永續發展的重要思考點。這其中，產業的力量必不可少。

## 產業以大帶小，國營事業以身作則

2022年6月，高雄市政府正式推動「產業淨零大聯盟」，以產業龍頭大帶小的方式打造「低碳產業鏈」，聯手石化、化工、鋼鐵、電子和造紙業等業者，集結不同產業共同訂定減碳目標。其中，56家企業確立2030年減碳目標為450萬噸，各企業減碳狀況將由高雄市政府列管，針對企業技術發展和製程改善等情況，適時做滾動式調整。

良好的政策，立基於執政者的治理藍圖與透明的數據分析。根據環保局統計，高雄市2022年碳排放量為5,235萬噸，工業部門占比81.8%，其中應申報排放源占73%。因此，協助製造業者面對減碳問題、緩解業者「碳焦慮」，對公部門而言，這無疑是邁向2030減量30%和2050淨零排放的當務之急。截至目前，高雄市共有70餘家業者，參與「高雄市產業淨零大聯盟」計畫，而高雄市政府也將持續強化各界減碳能力，並以科學的方式制定減碳策略，渡過艱困的產業轉型階段。

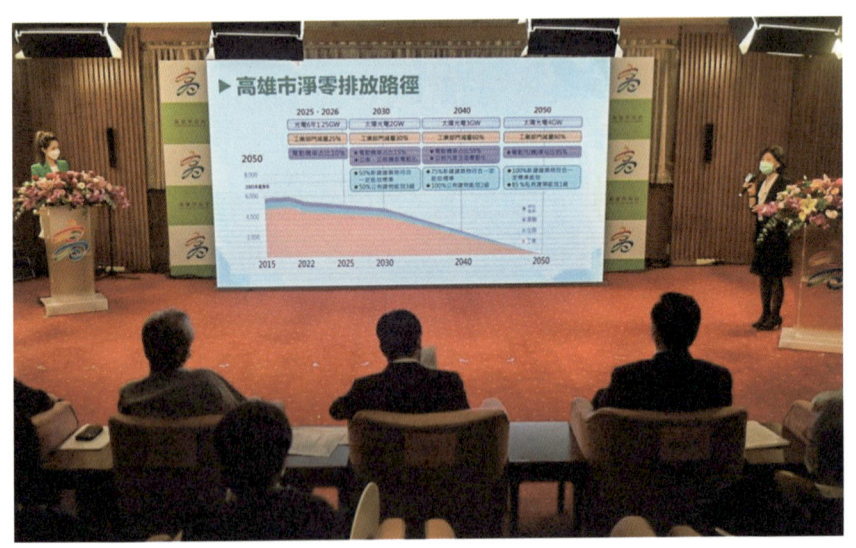

↑ 在產業淨零大聯盟記者會上,由環保局局長張瑞琿(右一)分享高雄市淨零路徑及策略。

　　之所以成立「產業淨零大聯盟」,是希望加速產業淨零轉型進程,讓個別產業「以大帶小」、國營事業「以身作則」,共享減碳技術和相關策略擬定。

　　譬如,由中鋼帶領鋼鐵產業、中油帶領石化和造紙產業、群創領導電子業、台電領軍能源產業、循環經濟由綠化環保公司領軍等,從製程改善、能源轉換到循環經濟等面向共享技術。高雄市政府極力促成業者跨域合作,如氫能冶煉、鋼化聯產、碳捕捉再利用、擴大碳盤查與能資源整合,並制定周全的政策藍圖,依照不同產業特性全力給予輔導和資源媒合。

　　在短期目標上,高雄市政府希望能提升能源效率、煤轉天然氣、整合工業區能資源;中長期仰賴鋼鐵業氫能冶煉、石化業碳捕捉再利用和導入零碳能源為重點政策。目標設定工業部門溫室

氣體減碳能在 2030 年實現減量 30%，最終達成 2050 淨零排放之目標。

而高雄市政府也於 2023 年成立「高雄市政府永續發展暨氣候變遷因應推動會」，制定完整氣候因應與韌性城市發展策略。

綜上而言，高雄市長陳其邁的淨零轉型策略，始終秉持「產業轉型優先」、「增加就業優先」、「交通建設優先」和「改善空污優先」；並由高雄市政府各局處擬定政策，緊密扣合聯合國永續發展目標（SDGs），逐年提交高雄市自願檢視報告，有效率、有目標持續推動。

公部門及早規劃產業淨零策略，不僅即時回應國際市場規範，如歐盟 CBAM 碳關稅輔導等；此外，更重要的是，讓產業界認知淨零轉型的好處，以及企業永續勢必要立基於環境永續的基礎之上。

# 4.2
## 中鋼公司
## 減碳成為製程中的日常

石化及鋼鐵業跨界合作建立碳循環產業鏈，
實現產品低碳化理念。

　　由於鋼鐵產業是製造部門的主要溫室氣體排放源，受到環境部列管、占全高雄市約 40% 溫室氣體排放量。為了因應國家淨零轉型政策，以及國際市場如歐盟碳邊境調整機制、國內碳費課徵等，低碳轉型無疑迫在眉睫。

　　根據統計，2023 年鋼鐵相關產業共創造 7 兆元產值，總就業人數超過 110 萬人。而做為台灣鋼鐵業龍頭，中鋼立足資本市場超過 50 年，對國家經濟與基礎建設影響力可說相當深遠，並矢志扮演產業典範，帶領台灣鋼鐵業邁向永續未來。

### 投入鋼化聯產提升減碳量

　　2021 年 2 月，中鋼成立「節能減碳及碳中和推動小組」，由董事長擔任負責人、總經理及執行副總經理擔任副手，主導全公司減碳與碳中和行動的治理策略規劃。同年 4 月，中鋼明定分階

## 中鋼碳中和路徑規劃

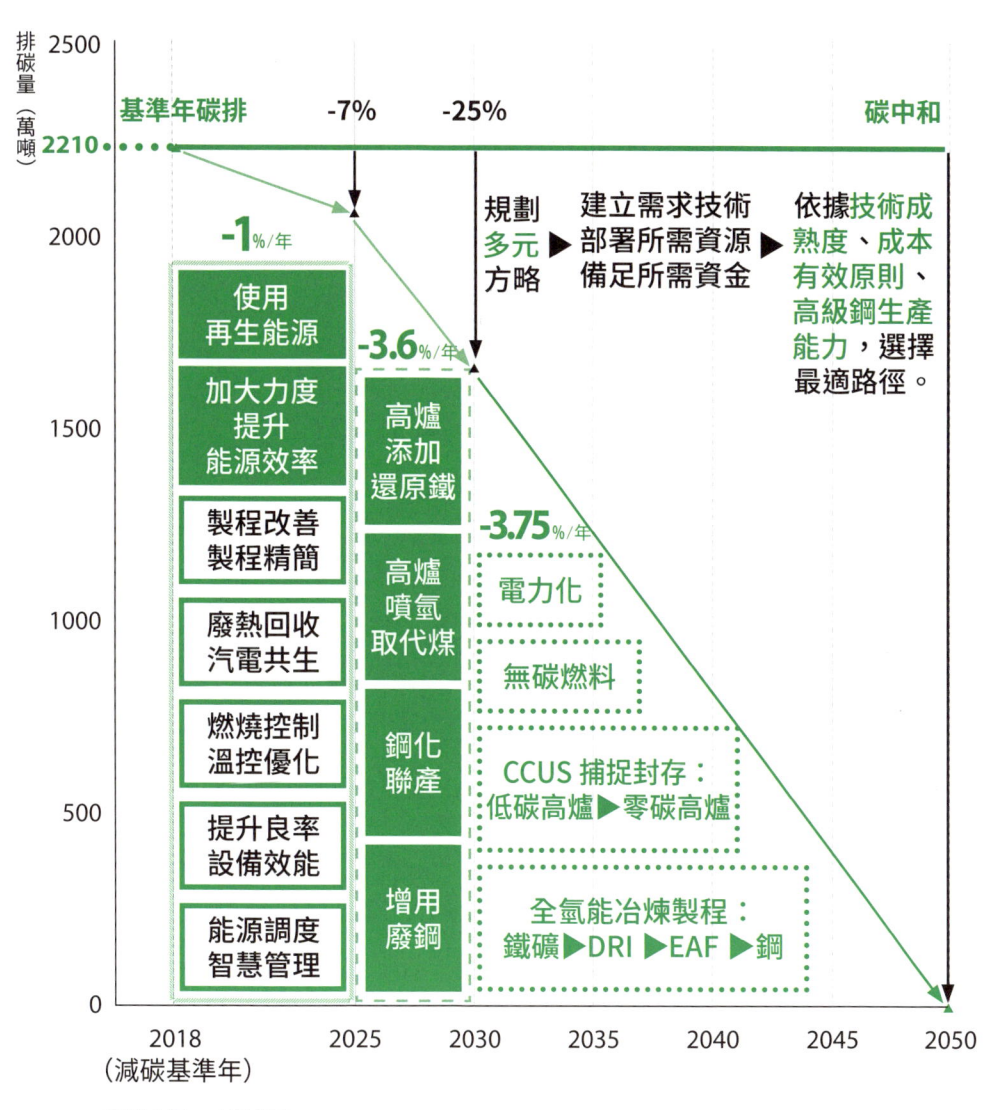

排碳量（萬噸）

| 2018（減碳基準年） | 2025 | 2030 | 2050 |
|---|---|---|---|
| 基準年碳排 2210 | −7% | −25% | 碳中和 |

−1%/年

- 使用再生能源
- 加大力度提升能源效率
- 製程改善 製程精簡
- 廢熱回收 汽電共生
- 燃燒控制 溫控優化
- 提升良率 設備效能
- 能源調度 智慧管理

−3.6%/年

- 高爐添加還原鐵
- 高爐噴氫取代煤
- 鋼化聯產
- 增用廢鋼

−3.75%/年

- 電力化
- 無碳燃料
- CCUS 捕捉封存：低碳高爐 ▶ 零碳高爐
- 全氫能冶煉製程：鐵礦 ▶ DRI ▶ EAF ▶ 鋼

規劃多元方略 ▶ 建立需求技術 部署所需資源 備足所需資金 ▶ 依據技術成熟度、成本有效原則、高級鋼生產能力，選擇最適路徑。

資料來源：中鋼公司

段短、中、長期減碳目標，設定以 2018 年做為基準年，在 2025 年時達到減量溫室氣體 7%；中期在 2030 年時，達成減排 22%；最終在 2050 年時，完成碳中和使命。

2022 年，中鋼投入 2 億元建造全國首座「鋼化聯產」先導工場，與工研院合作碳捕捉再利用技術，捕捉中鋼製程中的一氧化碳氣體及二氧化碳氣體，將其純化與氫合成甲醇等化學品，減少化工廠進口碳原料，預估年減碳量可達 4,900 噸。

在傳統化工製品生產路徑中，必須輸入天然氣、煤炭或石油，經過純化生產出甲醇、多元醇、脂酸和草酸等；而用鋼鐵所產生的燃氣，經過處理後，化工業者可以取得綠色碳源，大幅降低合成端與終端產業的碳排放量，進而生產後續一系列的石化產品，實現鋼化聯產的低碳經濟模式。

中鋼的鋼化聯產計畫分成三階段推動，第一階段建立「實驗室及先導工場」，結合工研院技術研發合成化學品應用技術和相關驗證；第二階段，與化工業者建立可商轉的化學品「示範工場」，達成每年實質減量碳排 24 萬公噸；第三階段，配合國家總體減碳策略，設置「新材料循環產業園區」，聯合各產業建立碳循環產業鏈，預計年減碳量可達 290 萬公噸。

此外，中鋼也和工研院共同驗證三項技術，包含一氧化碳及二氧化碳捕獲純化系統、電解水產氫系統和自主觸媒與製程轉化化學品系統。

所謂一氧化碳及二氧化碳捕獲純化系統，是捕捉製程中的一氧化碳及二氧化碳，將煉鋼過程高爐及轉爐所排放的一氧化碳和二氧化碳，經過分離和純化，透過自主觸媒與製程轉化化學品系統及電解水產氫氣系統，生產出甲烷、甲醇等化學品，提供給下

## 三階段推動鋼化聯產計畫

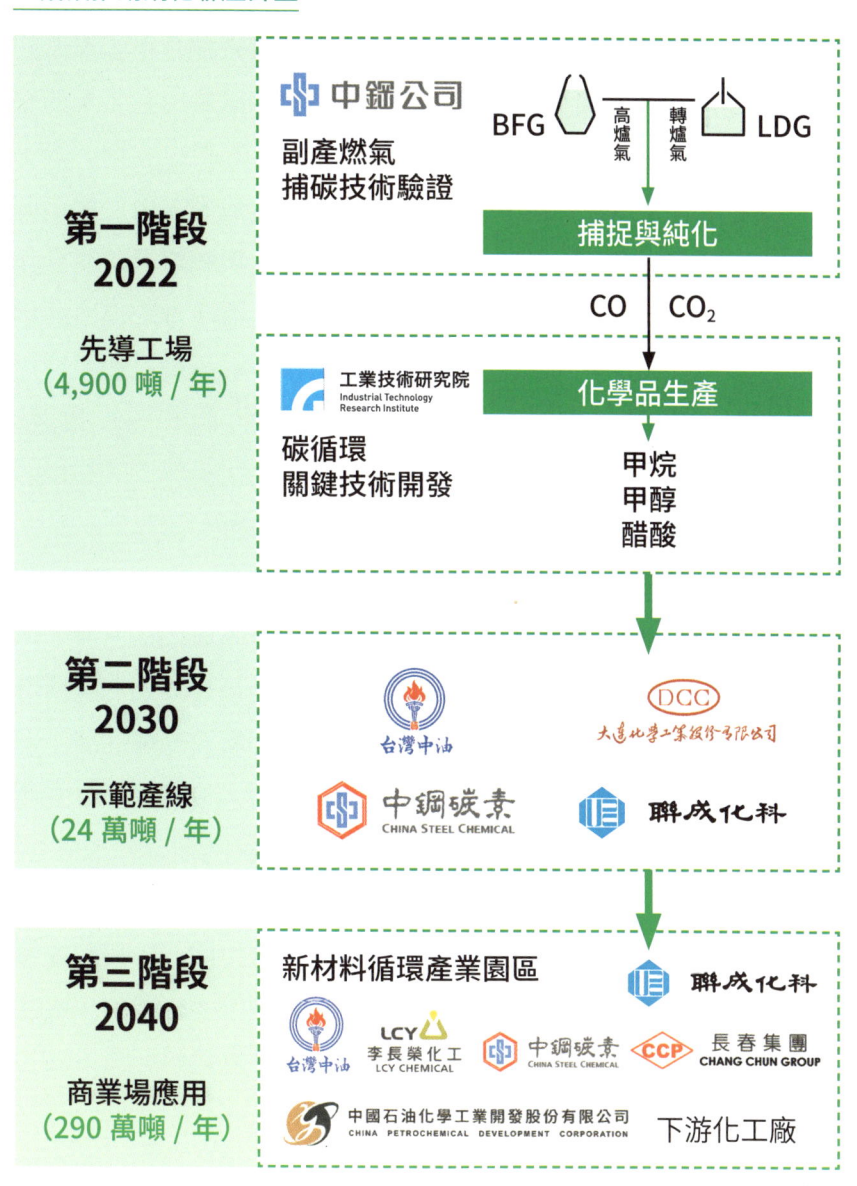

**第一階段 2022**
先導工場
(4,900噸/年)

中鋼公司 — 副產燃氣捕碳技術驗證
BFG（高爐氣）／LDG（轉爐氣）→ 捕捉與純化 → CO、CO₂

工業技術研究院 — 碳循環關鍵技術開發
化學品生產 → 甲烷、甲醇、醋酸

**第二階段 2030**
示範產線
(24萬噸/年)

台灣中油、DCC大連化學、中鋼碳素 CHINA STEEL CHEMICAL、聯成化科

**第三階段 2040**
商業場應用
(290萬噸/年)

新材料循環產業園區
聯成化科、台灣中油、LCY李長榮化工、中鋼碳素、CCP長春集團、中國石油化學工業開發股份有限公司、下游化工廠

三階段發展規劃：
產學研合作**基礎研發**▶化工廠**示範應用**▶擴大**商業應用**。

資料來源：中鋼公司

游化工廠做為低碳化學品基礎原料。如此一來，將可以降低下游化工廠從國外輸入高碳排化工原料的比例，有效提升化工產業競爭力。簡而言之，鋼化聯產的功能在於實現鋼鐵業與化工業的聯合生產模式，讓生產體系達成最大的減碳效益。

鋼化聯產成功關鍵，在於一氧化碳的運輸成本。由於中鋼鄰近大林煉油廠、臨海工業區等地，為石化產業與鋼鐵業跨界合作的一大利基。而對石化業者來說，可以用較低的成本取得所需材料，中鋼則將一氧化碳轉化為有價值的資源，形成雙贏的減碳局面、實現產品低碳化理念。

## 製程導入 AI 技術

除了鋼化聯產之外，中鋼也積極投入智慧高爐技術研發，成功打造國內首座應用 AI 智能模組的智慧高爐。智慧高爐煉鐵成為可透視、容易掌握的製程，協助操作人員即時掌握高爐狀態；同時，操作人員利用 AI 智能模組，也能更精準投入原料、降低生產成本，預估一年減少 11,346 公噸二氧化碳排放。

此外，近年來中鋼積極布局低碳煉鐵製程技術，在高爐添加低排碳原料「熱壓鐵塊（Hot Briquetted Iron, HBI）」，搭配煉鐵智慧平台建立「變料配渣智能模組」，提高鐵水產出效率，因應高爐添加大量低排碳原料產生的數據，即時計算變料配渣方案，達到穩定高爐運作的目的。

中鋼將 AI 技術導入各生產製程環節，並持續系統性地建立技術性規範與統整測試結果。「像是擰毛巾一樣，每個環節愈擰愈緊，」中鋼技術部門副總經理劉宏義比喻中鋼的低碳化思維，其

## 中鋼智慧高爐系統

結合多項技術，開發智能化操作指引

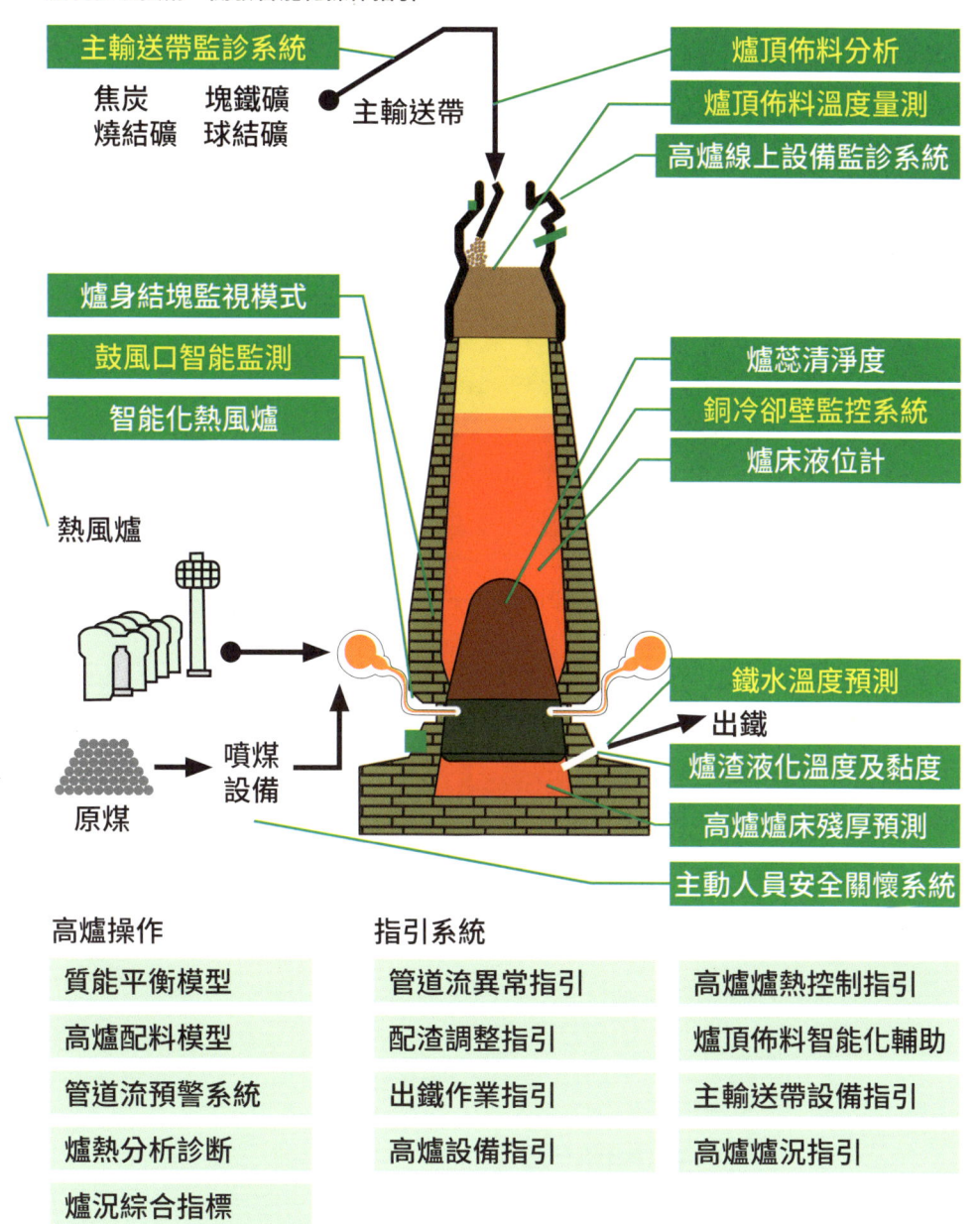

**主輸送帶監診系統**
- 焦炭
- 塊鐵礦
- 燒結礦
- 球結礦

主輸送帶

**爐頂佈料分析**
**爐頂佈料溫度量測**
**高爐線上設備監診系統**

**爐身結塊監視模式**
**鼓風口智能監測**
**智能化熱風爐**

熱風爐

原煤 → 噴煤設備

**爐蕊清淨度**
**銅冷卻壁監控系統**
**爐床液位計**

**鐵水溫度預測**
出鐵
**爐渣液化溫度及黏度**
**高爐爐床殘厚預測**
**主動人員安全關懷系統**

### 高爐操作
- 質能平衡模型
- 高爐配料模型
- 管道流預警系統
- 爐熱分析診斷
- 爐況綜合指標

### 指引系統
- 管道流異常指引
- 配渣調整指引
- 出鐵作業指引
- 高爐設備指引

- 高爐爐熱控制指引
- 爐頂佈料智能化輔助
- 主輸送帶設備指引
- 高爐爐況指引

資料來源：中鋼公司

### 推動鋼鐵產業減碳推動服務團

## 「以大帶小、價值共創」
## 協同產業鏈低碳永續轉型

- 中鋼成立碳管理輔導團
- 參與產發署 1+N 碳管理示範團隊
- 與鋼鐵公會、金屬中心共同推動「鋼鐵產業減碳推動服務團」

中鋼集團公司
中鋼下游客戶
鋼鐵產業

借重本公司退休人才庫與在職同仁組成「碳管理輔導團」

| 重點工作 | 一對一 | 2023 完成 22 家 |
|---|---|---|
| ■ 分享碳管理、碳中和資訊<br>■ 建立溫室氣體盤查能力<br>■ 提供節能減碳機會診斷<br>■ 推動實質減碳 | ■ 輔導碳盤查作業<br>■ 進行節能減碳診斷服務 | ■ 節電約 868 萬度/年<br>■ 減碳潛力約 4,443 公噸/年 |

資料來源：中鋼公司

實遍布每一個製程環節。他強調，中鋼每年有上百個減碳方案，分布在廠區各個角落，為了達到碳中和目標，必須讓中鋼生產效率愈來愈高、能源耗損愈來愈少。

2024 年 7 月，中鋼持續開發高爐添加低碳鐵源調控技術，期盼減碳效益最大化。同年，中鋼亦積極輔導下游 20 間客戶，執行

↑ 2022年由工研院與中鋼合作的全台首座「鋼化聯產」先導實驗工場，於中鋼小港廠區落成啟用，以結合工研院之碳捕捉再利用技術，進行碳循環再利用的技術驗證。

碳管理工作；甚至規劃與擁有複雜代工製程的下游客戶，進行縝密的個案輔導，例如做出適合整個扣件產業的 CBAM 申報模板。中鋼也成立「碳管理輔導團」，致力帶動鋼鐵產業鏈低碳轉型，確保下游廠商具備自主執行碳盤查能力，真正實現產業「以大帶小」的減碳示範作用。

根據統計，2023 年中鋼完成 22 家下游業者的節電潛能估算，每年約達 868 萬度電力，減碳潛力達到 4,443 公噸。中鋼團隊深刻體認，實現碳中和是一場全產業鏈的綠色革命，絕非單一企業所能獨力完成。唯有從原料供應、生產製造到終端應用，每個環節都推動綠色轉型，同時針對產業特性量身打造務實的減碳方案，攜手供應鏈夥伴，才能穩健邁向碳中和的願景。

我們常說，鋼鐵是工業之母。在邁向碳中和的過程中，中鋼的減碳技術與思維，亦扮演不可或缺的淨零轉型推手。

# 4.3 日月光半導體製造
## 用科技實踐美好未來

**貫徹綠色環保技術研發精神，積極響應低碳轉型行動。**

日月光半導體製造是全球半導體封測龍頭，不僅在產業面有優異的表現，對於環境永續的付出和推動更是不遺餘力。秉持「用科技實現美好未來」的願景，日月光堅信通過創新、社會、經濟和良好的環境管理，方能促使企業永續發展。

因此，在回應氣候變遷議題上，日月光貫徹綠色環保技術研發精神，積極實現科學減量目標，以低碳產品為核心、擴大產品生命週期盤查涵蓋率；同時在製造前端使用再生能源落實減碳行動，並要求供應商提供低碳材料與提高設備能效。

### 雙主軸啟動淨零轉型

做為國際性半導體產業鏈主要成員，日月光積極響應低碳轉型行動，2017 年成立「永續發展委員會」，做為企業永續策略規劃的最高管理組織。

↑ 日月光高雄廠成立低碳供應聯盟，與 14 家供應商參與經濟部日月光半導體永續供應鏈升級轉型計畫。圖為日月光半導體行政資源中心副總經理李叔霞(中)、廠務營運總處資深處長易良翰(左五)、職安處處長顏俊明(右四)。

　　委員會成員由董事與公司治理主管組成。從碳權投資、再生能源、低碳運輸、低碳產品與永續供應鏈等面向展開淨零行動，並以低碳使命、循環再生、社會共融與價值共創等四大主軸，擬定永續發展策略。

　　日月光採智慧製造與永續發展雙軸轉型模式。在智慧製造上，透過 AI 演算法訓練，獲得最佳化生產模型，藉由導入智慧排程，以節省人工排程和機台設定參數等時間，實現成本最小化、產能最大化之目標。

　　同時，在製程控管方面，運用 AI 影像辨識、大型語言模型建立等，讓操作人員得以即時獲取製程中的生產資訊，將產品良率

維持在最高點。

至於在永續發展上，日月光長期投入 AI 技術控制廠務設備之能耗運轉，避免不必要的能源消耗與溫室氣體排放。在水資源管理方面，智能化操作實現精準的水資源用量、提升用水效率等；在廢棄物管理上，AI 技術應用在廢棄物資源化階段，即時監控清運車動向、確保廢棄物清運妥善執行。

「導入 AI 進行數位轉型的關鍵驅動力，在於可以實現以大帶小，驅動供應鏈夥伴邁向低碳製程的目標，」日月光廠務營運總處資深處長易良翰指出，日月光希望打造整合上中下游的永續供應鏈，建構真正的綠色製造體系、發揮企業的氣候領導力。

2024 年 4 月，日月光高雄廠創建「低碳供應聯盟」，攜手 14 家供應商參與經濟部「日月光半導體永續供應鏈升級轉型計畫」。其中，包含「半導體製程低碳設備導入與優化」、「永續供應鏈碳管理與行動」、「半導體低碳製程封裝技術」等，預計透過此專案行動實現減碳 1.7 萬噸專案目標，相當於 88 座高雄美術館生態公園一年的吸碳總量。對日月光來說，供應鏈上的每一個夥伴，都必須共同提升永續力，才能實現永續共融的低碳轉型願景。

### 創造乾淨永續的產業鏈

對此，日月光制定永續供應鏈六大管理策略，分別是多元化供應、品質優先、策略性合作、永續採購與責任礦物採購。聚焦在「低碳使命」與「循環再生」的軸線上，鼓勵供應商共同創造乾淨永續的供應鏈，持續研發潛在的循環經濟模式和技術。

↑水是半導體產業主要使用的自然資源之一，日月光中水回收廠將不可飲用的水，經過不一樣的化學處理方式，讓每滴水可重複使用4次。

　　易良翰強調，藉由持續擴大供應鏈上的協同合作，才能發展出更多創新技術，面對節水、節能等議題時，亦能共同面對找出解方。

　　日月光職安處處長顏俊明進一步分析：「半導體供應鏈，是一個價值鏈的概念。」為了跟上國際市場規範，及各國綠色供應鏈腳步，日月光將供應鏈的永續發展視為最高戰略之一。

　　以採購作業為例，除了成本與品質考量外，日月光更重視整體永續價值，以及因應新興風險的能力與韌性，並動態調整對供應鏈的管理策略，「譬如政府政策、客戶需求、員工專業養成

↑日月光導入智慧化的封測工廠,避免不必要的能源消耗與氣體排放。(圖片提供／日月光)

等，都是我們密切掌握的重點，」顏俊明表示，日月光在永續議題上必須緊跟著半導體產業的國際市場脈動，反應速度相較其他產業快。

正因如此，2023年，日月光在道瓊永續指數成績表現亮眼，在全球「半導體及半導體設備產業」中獲得高分肯定，成為全國第一家連續八年獲得高分的企業；在「環境面」、「社會面」和「治理與經濟面」上，也屢受國際市場肯定。日月光亦是全國首間、連續7年獲得碳揭露組織「氣候變遷」領導等級的公司。

如同日月光投控董事長張虔生所言：「日月光做為負責任的企業公民，必須發揮環境的正面影響力。」而當企業具備「取之於社會、用之於社會」的初衷時，企業社會責任與社會共好、共榮的思維，也將體現在所有營運中。

第五課 運輸轉型

# 城市移動智慧化

12 LESSONS TO NET ZERO ⟶

降低交通運輸領域的二氧化碳排放量是實現淨零轉型的關鍵

# 5.1
# 邁向低碳共享的運輸生活

從減量、運具移轉、技術改善三方面著手，
制定低碳交通的策略主軸。

根據國際能源總署報告顯示，陸地、海上與空中所使用的機動運具，仍使用高度依賴石化燃料的內燃機，在因燃料燃燒所排放的二氧化碳中，與運輸相關之領域占比 25%，是全球碳排放的主要來源之一。國際能源總署同時指出，2022 年 Covid-19 疫情結束後，客運、貨運等公路運輸量反彈，導致交通運輸的二氧化碳排放量，相較前一年增加 3%，碳排放量則增加接近 2.5 億噸二氧化碳當量（carbon dioxide equivalent, $CO_{2e}$）。

二氧化碳當量是測量碳足跡的標準單位，主要是將不同溫室氣體對於暖化的影響程度，用同一種單位表示，便可將碳足跡不同的溫室氣體來源，以單一單位表示，運輸部門二氧化碳的總排放量達到 80 億噸二氧化碳當量。

為了實現 2050 淨零排放的願景，國際能源總署建議：2030 年世界各國在交通運輸領域的二氧化碳排放量，必須達到每年下降三個百分點的目標，尤其在碳排量占比超過七成的公路運輸，

↑ 高雄輕軌完工通車後,讓高雄成為被綠色交通運輸系統包圍的城市。

包括汽車和貨車的碳排放量,更是需要大幅降低。

國際能源總署認為,如何才能讓公路運輸碳排量有效下降,其關鍵在於交通運具電氣化、燃油效率提升。此外,各國政府也應持續推動降低碳密度的交通模式,並且鼓勵低碳轉型之相關技術商業化與規模化。而從聯合國經濟和社會事務部(UN-DESA)所撰寫《2016年全球永續運輸報告》中,則明確指出,減量、運具移轉與技術改善是交通運輸部門低碳轉型的三大策略主軸。

所謂減量,是指避免低效率運輸型態,提升城市運輸規劃的總體效能;運具移轉則是透過鼓勵轉換高耗能的私人運具、多搭乘低碳交通工具,來提高旅次效率;至於技術改善,是運用技術、

操作等手法，改善交通運具的能源效率，達成環境永續績效。

## 淨零家園首重低碳運輸

　　從台灣現況來看，根據 2022 年的統計，台灣運輸部門溫室氣體排放量約為 36.282 百萬公噸二氧化碳當量，是台灣溫室氣體排放的第四大部門，占總體排放量 12.69%，其中公路運輸是最大宗，為 96.35%。

　　交通運輸與每個人的生活息息相關，不論是城際旅行或是日常通勤，都關乎移動與其產生的環境外部成本。因此，運輸部門的低碳轉型，無疑是邁向淨零家園的重要目標。

　　從 2016 年開始，我國交通部門便開始推動「第一期（2016～2020）與第二期（2021～2025）運輸部門溫室氣體排放管制行動方案」，從三大策略主軸著手，分別是「發展公共運輸系統，加強運輸需求管理」、「建構綠色運輸網絡，推廣低碳運具使用，建置綠色運具導向之交通環境」與「提升運輸系統及運具能源使用效率」；同時執行 14 項具體措施，如提升公路公共運輸量、建構高效率運輸網絡、推廣電動運具與低碳運具、發展智慧運輸系統、改善貨物之運輸效率、提升新車能源效率等多項內容，逐年滾動調整行動方案。

　　為了回應國家 2050 淨零目標，高雄市政府也同時制定一系列淨零轉型政策與工作目標，近年成效不錯，在交通運輸部門更完成許多創舉，成為全國淨零轉型典範。

　　「安全、智慧、永續」做為高雄市交通運輸施政願景與策略，其內涵包括落實人本交通、建構友善社區交通環境、健全道

路路網功能、推動綠能交通、整合科技智慧服務、推動永續運輸服務、優化公共運輸系統等。

近年來，高雄城市轉變快速，單從運輸系統轉型過程，便能觀察到城市治理者的政策決心。以高雄輕軌完工來說，便是一個很好的例子。2024年1月1日，高雄環狀輕軌正式啟航，揭開了高雄軌道建設的全新里程碑。好的交通基礎建設，才能讓大眾運輸系統更加完善，真正帶動城市經濟發展。

費時10年的工程，讓輕軌服務站數擴增至38站，全線共22.1公里，軌道路徑從都會核心區到亞洲新灣區，亦從藝文展演區到澄清湖，讓輕軌串接日常生活與旅遊觀光的交通圖像，連結城市的過去與未來，也讓大眾運輸順利成圓，使高雄穩健地邁向一座、被綠色交通運輸系統包圍的城市。

目前，高雄啟用捷運幹線是紅線與橘線，仍在動工的還有岡山路竹延伸線、小港林園線與黃線，加上完工的環狀輕軌，呈現四線齊發的大眾運輸網絡。

根據統計，輕軌環狀線啟用後，上半年度累計服務658萬人次，相較去年同期375萬人次，年增率增加75%；其中C24愛河之心站，是所有輕軌站點中，搭乘運量及運量增加率最高的地方；其次為C11真愛碼頭、C5夢時代站、C9旅運中心站及C14哈瑪星戰。每逢節慶假日、大型展演活動舉辦時，高雄輕軌的運量都會大幅增加，高雄市捷運局評估，輕軌總運量將朝向千萬人次目標邁進。

此外，高雄市捷運局統計，平日學生卡運量較去年6月同期，成長約兩千人次，成長率約85%；輕軌沿線經過道明中學、樹德家商、高師大附中、高雄高工、大榮高中等學區，使輕軌成

為學生通勤上學的另一個選擇。另一方面，在凱旋醫院、聯合醫院、聖功醫院等沿線的輕軌站，運量較同期成長約 114%，顯示輕軌除了在觀光旅運上扮演重要角色，也在民眾日常就醫與就學上，提供良好的、可負擔的大眾運輸服務。

更重要的是，輕軌不僅讓高雄觀光旅遊、民眾通勤更為方便，也讓低碳永續的綠色運輸日常，成為一種可能、成為一種受人喜愛的移動選擇。

### 享受數位移動的便利

除了公共運輸硬體建設外，高雄市政府也致力發展智慧交通，導入「新一代智慧運輸系統」，利用大數據即時處理交通訊息、提供用路人即時路況，在大型展會及活動期間，透過智慧儀表板監控活動路況，分析當下最佳決策方案，並且運用大數據技術多次成功疏運人流與車流，實現「活動人數加倍、疏運時間減半」的目標。高雄市政府交通局局長張淑娟說：「智慧運輸系統是高雄市交通發展的重要基礎，也是實踐安全、智慧、永續之交通政策的重要面向。」

此外，高雄市政府更推出交通行動服務計畫 MeNGo，結合高雄市政府各機關、交通局團隊及業者等多方之力，整合市內多元運具，如捷運、輕軌、市區公車、公路客運、YouBike、渡輪等公共運輸，成功串接無縫網路，為民眾及旅客提供完善的接駁服務，並推出 QR code 月票，讓民眾手持手機就能暢遊大高雄地區。

MeNGo 計畫也透過 App 系統集結購票、票價與時刻查詢及智慧地圖交通運具導航等多項功能，推出客製化定期票、時數票

↑ 便捷的大眾運輸，成為民眾的日常，也是綠色運輸的實踐。

暢行方案提供高雄市民、外縣市及國外旅客，完整便利、包含食、宿、遊、購各項優惠的旅遊方案。2023 年 MeNGo 推出 2.0 版，進一步導入行動支付功能，整合輕軌、渡輪、捷運、公車、YouBike2.0 等運輸系統，可說是亞洲第一個成功推動交通行動服務（MaaS）的案例。

　　高雄市政府在交通數位化與智慧轉型的努力，不但增加公共運輸系統的可近性，對城市低碳綠色轉型，打下了良好的數位基礎建設，並獲得許多獎項肯定。譬如新一代智慧運輸系統在 2024 年時獲得「智慧城市創新應用獎」。MeNGo 計畫則在全球智慧城市聯盟主辦的 GO SMART Award 國際競賽中脫穎而出，獲得年度優勝獎項，在在顯現出高雄不僅是一座擁有多元運具的城市，也是率先完成公共運輸數位化的城市。

　　高雄市在運輸轉型上努力，讓市民體會到，淨零轉型的生活不是意味著不便，而是更好的生活，更便捷的未來想像。

# 5.2
## 漢程客運
# 公私協力實踐綠色運輸

**公路運輸系統要走向綠色轉型，**
**城市治理者的決心與態度將扮演關鍵力量。**

　　公路運輸是交通部門中的碳排大戶，想要有效降低交通運輸部門的二氧化碳排放量，推動公車電氣化勢在必行。

　　從各國經驗來看，推動公路運輸轉型必須要推廣低碳運具使用、建置綠色運具導向之交通環境。但根據國際能源總署統計，2023 年全球電動公車銷量接近 5 萬輛，相當於一般公車總銷量的 3%，兩者比例仍相當懸殊；由此可見，公路運輸系統要走向綠色轉型，除了仰賴良好的充電基礎設施，強而有力的公共政策推動，以及地方政府的角色與施政力道，不但彰顯城市治理者的態度與決心，更是驅動業者加速汰換燃油車輛效率與期程的關鍵力量。

### 借助政府資源加速減碳行動

　　從漢程客運的案例，我們可以看出高雄公車電動化、政府落實燃油車輛汰換的努力與成效。

↑ 漢程客運為高雄首家全電動公車的運輸業者，積極投注心力於減碳行列。

　　漢程客運是「ibus 台灣愛巴士交通聯盟」在高雄的營運名稱。2013 年底，隨著高雄市政府推動公車民營化政策，漢程客運憑藉豐富的國道客運經驗，順利進駐高雄。

　　轉眼 10 年過去，漢程客運目前擁有 92 輛電動公車，員工人數在 120 人左右，已成為高雄主要的公車運輸品牌之一；更值得關注的是，截至目前，漢程客運也是高雄唯一採用全電動公車、汰換燃油公車的業者。

　　漢程客運總經理韓洪開分享，2015 年，正值漢程客運準備

啟動汰換屆齡老舊柴油車輛時期，同年底率先全額自費購入首兩部電動公車。當時，交通部已有公路公共運輸電動大客車補助計畫，不過多以一般型計畫為主，補貼成數為購車金額的五成左右，對業者來說誘因相對小。

後來在國家政策引導下，為了發展國內電動車產業，交通部開始推動示範型計畫、擴大對業者補助。

「當時，公司已經汰換了將近一半的電動車輛，政府剛好開始推動示範型計畫，於是我們想：是不是有機會可以去爭取看看，」韓洪開回憶，漢程客運很清楚，公車電動化是國際趨勢，但是短時間要全面電動化，對業者在財務管理上來說，無疑是一個沉重的負擔。

↑ 透過使用電動車發揮減碳功效，漢程客運貫徹企業社會責任。

「2020 年中左右，高雄市政府環保局舉辦一場說明會，主題是關於碳的微型抵換，」韓洪開回憶，漢程客運得知高雄市政府環保局透過說明會，鼓勵民間業者執行減碳專案計畫，並協助業者申請減量額度，針對不同產業給予補助。韓洪開坦言：「說真的，我們起初對碳抵換的認識不是太深，尤其這涉及複雜的科學方法，去計算產業碳排情形，以及公共運輸的碳抵換評估等，這些對業者來說，都相當陌生。」

聽了說明會之後，韓洪開主動向環保局表示願意參加碳微型抵換計畫，環保局後續也積極協助評估產業現況，協同顧問公司，一起協助漢程客運申請抵換計畫。「我覺得環保局補助減碳產業進行抵換申請的態度與做法，十分積極，」韓洪開感同身受地說，高雄市是工業大城，在世界減碳的趨勢下，需要從不同面向著手減碳。而高雄市政府願意給自主減碳、參與產業淨零轉型的業者，全面性的技術協助與資源挹注，對業者來說，無疑是一大助力，也提升了業者願意加入減碳行業的意願。

## 第一家全電動公車業者

碳抵換專案申請涉及專業科學的評估，包含車輛油耗的長期監測及碳排計算等，韓洪開說：「當時顧問公司、公證公司的費用，都是由高雄市環保局補助。」這筆大約百餘萬的抵換專案驗證費用，若缺少高雄市政府的補助支持，恐怕會讓許多業者卻步。「我們當時對於碳權這個觀念，已經有了一定程度的瞭解，也判斷這是相當有價值的，如果可以透過電動車減碳來取得碳權，對公司是好事，也是一種企業社會責任。」

↑ 漢程客運設置電動公車充電站，預估未來 10 年將減少 2 萬噸的二氧化碳排放量。

　　在參與高雄市政府環保局所輔導的碳微型抵換計畫過程中，漢程客運同時也爭取到交通部示範型計畫補助，順利汰換公司所有的燃油車，成為高雄第一家全電動公車的公共運輸業者。韓洪開說，漢程客運主跑 11 條路線，一個月里程在 30 萬左右，平均一天約 1 萬公里。經過第三方的監測與查驗後，初估在漢程客運公車全面電動化後，未來 10 年將減少 2 萬噸的二氧化碳排放量。

　　「國家 2030 年運具電動化的目標，我們提前 7 年達到了，」韓洪開開心地表示，其實公車電動化有很多好處，不僅燃油成本大幅下降、運輸服務品質提升，電動公車也不會被貼上移動污染源的標籤，公車總站更不會成為吵雜、造成空氣污染的鄰避設施。韓洪開偶爾會聽到乘客對司機說：「你們的車子全部都電動的？這麼舒適喔。」當下心裡便覺得十分有成就感，認為公司在

兼顧載客品質、財務穩定的前提下，也善盡了對環境的企業社會責任，形成多贏局面。

在漢程客運與高雄市政府密集配合下，漢程客運在 2021 年起正式申請自願減碳，到了 2023 年為期兩年的監測期間，總共可取得 1,367 公噸的減量額度。市長陳其邁對此也相當肯定，表示這是全國首例公車碳權額度申請案，強調政府有責任將碳權交易的環境建構好，讓更多業者為碳定價時代的來臨做好準備，才能有系統性並且實質鼓勵有意願投入減碳工作的運輸業者，加速推動大型交通運具電氣化的目標。

「台灣一定要跟著世界的步調走，所以碳權這件事情未來一定會愈來愈重要，」韓洪開謙虛地說，漢程客運的實踐與成效並非多麼了不起，而是象徵一個正面的意義，代表國家減碳政策是可行的、做得到的，尤其在政府全力支持、企業大力配合之下，「我們真的可以一起邁向淨零碳排的目標。」

至今，高雄市的公車電動化比例達到 33.9%，是六都中走得最快、最前面的城市。而減碳雖然需要講究科學方法，但是執行減碳工作，需要的是公私協力、邁向綠色運輸轉型的那份決心。

## 5.3
### 高雄市政府交通局 MeNGo 系統
# 以 15 分鐘城市為目標

設置共享運具與行人徒步空間，
打造舒適安全、以人為本的綠色交通環境。

　　根據高雄市 2020 年溫室氣體排放量資料顯示，運輸部門排放量占 7.6%，僅次於工業與住商的第三大碳排放源。而面對 2030 年公車、公務車全面電動化的目標在即，高雄市政府上緊發條，全力推動低碳、低污染運具，更將大眾運輸普及化，視為運輸部門邁向淨零轉型的最後一哩路。

　　近年來，高雄市政府以《高雄市淨零城市發展自治條例》為法源，制定公務汽機車、市區客運全面電動化與氫能化年限的規範，也積極獎勵各級機關、公司企業、學校與民間團體搭乘大眾運輸系統。

　　同時，規劃低碳交通區，配合捷運輕軌路網及公車路線，設置共享運具與行人徒步空間等，打造舒適安全、友善及以人為本的綠色交通環境。

　　此外，在改善移動污染源方面，高雄市政府加碼補助電動機車汰換，鼓勵公共運輸業者加速公車電動化等工作，一步步穩健

地邁向 2050 淨零排放的目標。

在鼓勵民眾搭乘公共運輸方面，高雄市政府推出各項政策，希望能提高民眾使用綠色運輸系統的意願。

## 以政策利多改變民眾習慣

譬如推出 TPASS 通勤月票，積極整合各項交通工具月票，釋放政策利多，吸引不同族群搭乘公共運輸系統。根據高雄市政府交通局統計，在 TPASS 通勤月票開賣一年後，截至 2024 年 5 月，使用人次超過 3,191 萬人，總計減碳量達 2.4 萬噸。

2024 年 4 月，高雄市政府更推出市區 399 通勤月票的優惠，

↑ TPASS 通勤月票以超值優惠鼓勵民眾使用大眾運輸做為主要運具。

並上架 MeNGo App，會員只要透過註冊綁定，便可以利用月票搭乘捷運、公車、輕軌、渡輪等各項大眾運輸系統，若需要轉乘 YouBike 抵達目的地，還能享受前 30 分鐘無限次使用等優惠。

這項消息一出，許多民眾直言「俗擱大碗」。而交通局局長張淑娟則認為：「要成為一座宜居城市，便利的公共交通運輸系統非常重要。」在訂定 399 通勤月票前，高雄市府團隊內部也討論思考非常久，「交通部所建議的 1,200 元票價，對高雄市民來說誘因不大，」張淑娟坦言，從實際狀況來看，高雄市在公共運輸與私人運具使用率上，存在一段明顯的落差，政策利多與力度如果不夠，將難以改變市民朋友的交通運輸習慣。

張淑娟進一步表示：「市長當時有詢問交通局同仁：機車加油一個月多少錢，我們回答大概 450 元左右。」市長聽聞後，很快地拍板定案票價，認為應該以 399 元月票為目標，因為這是鼓勵性質的政策，也是實踐低碳運輸轉型的重要一步，將有助於扭轉市民們使用交通運輸工具的傳統習慣。

### 建構便利的低碳運輸環境

經過一段時間的運作，張淑娟確實也發現 MeNGo 的會員結構慢慢出現轉變。「以前只有學生會去搭公車、捷運，大多數的市民朋友，只要滿 18 歲之後，就會去考駕照，跟公共運輸永遠再見。」簡單一語道盡高雄人的交通使用習慣，隨著年紀愈長，更加深對私人運具的依賴。

不過在推動通勤月票後，目前 19 歲以下的用戶占了 30%，20 至 29 歲的用戶為 20%，也就是在 29 歲以下的用戶為 52% 左右；

↑ 高雄市 YouBike 站點不斷擴增,每月使用人次已超過 150 萬人。

但是當年齡級距到了 39 歲以下,公共運具使用率則上升至 60% 至 70% 左右。

由此可見,當公共運輸票價低於私人運具的燃油使用費時,民眾的使用習慣有機會逐漸產生質變。

事實上,公共運輸路網覆蓋率與定價高低,往往與消費者的使用意願呈正相關。張淑娟直言:「高雄人生活及交通習慣,都是短旅式的。」過去,當汽機車能夠短時間到達目的地時,自然

不會考慮搭乘需候車轉乘的大眾運輸工具，若提高公共運輸路網的覆蓋率，輔以競爭力強的定價費率，或許就能逐漸扭轉使用者的觀念與習慣。

張淑娟也提到「15 分鐘城市」的觀念。所謂 15 分鐘城市，或稱一刻鐘城市（15-Minute City），是法國巴黎市長伊達戈（Anne Hidalgo）在 2020 年選舉期間，援引法國巴黎第一大學教授莫雷諾（Carlos Moreno）在 2016 年提出的城市規劃概念。

其重點在於，如何讓城市裡的每一個人，可以在 15 分鐘的步行或騎車距離，滿足生活所需，包含工作、商業、醫療、教育娛樂等；也就是說，要建立以自宅為起點的在地生活圈，並用時間尺度劃分區域半徑，同時增建自行車道、人行步道以打造低碳交通的日常通勤模式。

↑ TPASS 通勤月票結合各種大眾運輸工具，提供便利安全服務，讓民眾逐漸習慣低碳運具的生活。圖中前排右五為總統賴清德、右六為時任行政院院長陳建仁、右四為高雄市長陳其邁。

簡言之，15 分鐘城市的目的，是希望重新平衡城市生產力與居民福祉的關係，強化城市各區之間的協力與連結，是一種打破功能性分區、建構多重中心的城市規劃思維。

「從高雄市中心的運輸結構來看，或許有機會發展 15 分鐘城市，」張淑娟解釋，在私人運具的部分，高雄市機車占比約六成，雖屬於大宗，不過根據交通部統計，高雄市機車使用者平均每日里程長度約為 11 公里，以時數 60 公里來看，大約是 15 分鐘以內的距離，應該相當有機會、有條件地透過公共運具替代方案，改變高雄人在市中心的通勤習慣。

張淑娟指出，目前高雄市的 YouBike 站點已經達到 1,351 站，每月使用人次超過 150 萬人，未來將持續新增站點與車輛。高雄 YouBike 也在 2024 年 7 月中旬，正式突破營運 4 年來，累積 5,000 萬人次騎乘的紀錄，高雄市政府交通局更於同年 7 月新增公共自行車第三責任險，為的就是希望讓更多人一起使用便捷、安全的公共運具。

根據交通局統計顯示，推動 TPASS 通勤月票後，YouBike 使用率較同期增加 22%，有超過 43 萬人次串連 YouBike 與各種交通運具，可見整合城市裡的各種運具系統，並提供優惠搭乘方案，確實能對於改變市民運輸習慣，起到潛移默化的效果。而交通局也表示，未來高雄市的公共自行車租賃站，將以 1,500 個為目標，希望能藉此徹底轉變民眾通學與通勤習慣，打造低碳運輸系統的交通環境，讓高雄市得以朝向以低碳運具為主的 15 分鐘城市目標邁進。

第六課 住商轉型

# 讓建築
# 與自然共生

# 12 LESSONS TO NET ZERO⟶

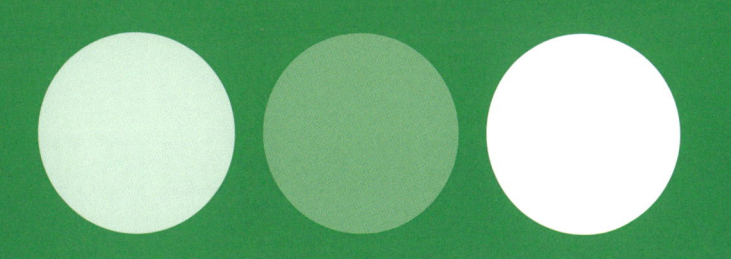

導入節能技術與再生能源
降低建築總體耗能
將有助於提升建築能效

# 6.1
# 從社宅開始打造低碳建築

**實踐居住正義的同時，**
**高雄也展現環境永續及區域平衡發展的決心。**

聯合國環境規劃署在 2021 年的研究顯示，建築與營造產業占全球溫室氣體排放量 37%，其中，74% 的二氧化碳排放量與能源使用相關，26% 則來自建材與營造階段。

建築業上、中、下游產業鏈環環相扣，多仰賴龐大的能源使用與建材的高碳排製程。回顧國際能源總署發表的「全球能源部門 2050 年淨零排放路徑」報告，提及全球要在 2050 年達到淨零排放，除了能源部門採取減碳排放措施，同時積極發展再生能源與新興技術之外，各領域如何持續提升能源使用效率，也十分重要。

### 推動低碳社宅

以建築產業與住商部門來說，世界各國政府皆致力導入建築節能技術與再生能源，並側重降低建築總體耗能，拓展提升建築能效的多層路徑。

↑ 推動社宅建設為高雄市長陳其邁（中）的重要政策之一，提供市民適足居住權。

　　自從高雄市長陳其邁上任以來，積極推動社宅建設，期許給市民朋友舒適安全、可負擔的居住空間，實現聯合國《經濟社會文化權利國際公約》第十一條所保障的「適足居住權」，確保所有人不論收入與經濟水平，皆有權利擁有適足的基本設施以及居住環境。

　　而在實踐居住正義的同時，高雄市政府亦展現了對於環境永續、區域平衡發展的決心。

　　無論是住宅、環境政策背後的思維，都是為了留給下一代更好的未來。

　　高雄社會住宅以「人口密集優先」、「大眾運輸導向」和

「產業發展」為三大選址先決考量，兼顧周遭社區公益服務設施、當地社區機能發展等公共目的。目標規劃興建 1 萬 8,000 戶社宅，並持續與國家住宅及都市更新中心合作，並穩建地朝向總體社宅目標邁進。

以高雄第一座社會住宅「凱旋青樹」來說，位在苓雅區，南臨凱旋一路、北臨鐵路地下化綠園道。距離台鐵民族站僅 300 公尺，是綠園道軸線上的重要地標，周圍交通與生活機能便捷。凱旋青樹已於 2022 年底順利完工，提供 245 戶住宅供民眾申請。

## 與自然共生的居住空間

在整體規劃上，凱旋青樹社宅是由荷蘭麥肯諾（Mecanoo）建築師事務所與趙建銘建築師事務所共同設計，施工品質良好，保留大面積的綠化空間，並提供社福單位、社區教室、公共開放空間多功能共享場域，讓多元共融的社會福利政策得以推行。

麥肯諾建築師事務所是一間荷蘭頗負盛名、權威型的跨國型建築師事務所，與高雄結緣很早，無論是高雄衛武營國家藝術文化中心、新高雄車站等建築都是出自該團隊。麥肯諾建築師事務所最重要的理念，是相信建築可以促使社會融合，以打造非高不可攀且親近大眾的建築語彙為目標。

一棟好的建築，會對周邊環境產生正面的影響。

凱旋青樹社宅集結都市更新、社區共融、環境永續、社福資源匯聚，體現社會住宅多面向的戰略意涵，分為 A、B 兩棟，棟距寬闊舒適並設有中庭綠帶。

整體建築採用綠色、白色系的鮮活配色，運用仿岩塗料和馬

↑ 凱旋青樹為高雄首座社會住宅，由國內外知名建築師聯手打造。

賽克磁磚，結合梁柱外推形成的格狀系統，建構出極具現代感的建築美學，也在低建蔽率的老舊社區中，豎立活潑與開放共享的主體形象。

此外，凱旋青樹周邊延伸的植栽綠帶與公共遊具，日漸成為鄰近居民日常生活的一部分，其設計理念與荷蘭的社會住宅不謀而合，皆強調人與環境的連結、人性化空間設計，以及打造與自然和諧共生的舒適居住空間。

房子雖然是租來的，但是生活不是。

兼具高品質工程與設計的建築體，亦肩負淨零轉型的重大願景。透過立面結構外推與天棚設計，凱旋青樹建築形式創造了有效的水平遮陽與帶狀連結；梁柱網格系統提供 42 公分的水平遮陽，成功減少 76% 的能源消耗。

能源使用效率上優異的表現，也讓凱旋青樹獲得綠建築銀級標章許可、智慧建築銀級標章許可等認可。另一方面，高雄市都發局力推循環經濟，讓社宅樣品屋內結合大型家具業者，如特力屋、宜得利和穩泰傢俱等廠商提供原展售傢俱，媒合給需要的承租家庭或是個人使用。

2022 年 8 月 19 日，凱旋青樹獲得「國家卓越建設獎」雙獎肯定，一舉拿下「最佳社會住宅類」特別獎與「最佳規劃設計類」金質獎等兩項殊榮。

凱旋青樹是都市景觀再生的指標性建築物，也是高雄市社宅興建的重要里程碑。從建築能效、施工品質到設計理念，無疑樹立了高雄社宅的典範。

如同凱旋青樹從選址、設計規劃、營造工程及區域發展策略，處處可見高雄市政府對於興建優質社會住宅的決心。「岡山

大鵬九村社會住宅」的規劃，則體現出居住正義與淨零永續的雙軸轉型。

## 居住正義的體現成果

岡山大鵬九村社會住宅基地面積 1.3 公頃，位於 87 期重劃區內，鄰近省道台 1 線、國道 1 號與捷運紅線南岡山站；亦處於本洲工業區、橋頭科學園區、路竹科學園區的交通樞紐，是岡山地區發展的重要指標位置，更坐落在陳其邁構想的半導體「S 廊帶」科技走廊上。

岡山社宅規劃興建 625 戶，共 4 棟地上 12 層及地下 2 層建築物，預計在 2026 年完工。

無論在凱旋青樹或是岡山社宅的工程發包，高雄市政府皆採最高標準，為市民居住品質把關、選評最優良、有理念的建築與甲級營造廠商。

以負責岡山社宅的宏昇營造來說，承攬全國重大公共工程、社會住宅、社福機構與科技大廠之工程案，從高雄港碼頭工程、

↑ 位處交通樞紐的岡山大鵬九村社會住宅，預計 2026 年完工。

↑ 住宅透過數位化的監測，不但住得安心，也可達到永續目的。

中科園區基地污水放流管線潛盾工程、國防部國家軍事博物館、國家圖書館南部分館等重要大型工程；到松山社會住宅、板橋青年住宅、台南新都心社會住宅等社宅建設，以及台灣基督長老教會高雄阿蓮教會增建工程、屏東縣私立伯大尼之家硬體新建工程等，可謂有著豐碩的工程經驗與營造成果。

在董事長郭倍宏引領下，宏昇營造是集結土木結構專業人才、拿下多項工程領域獎項的大型營建專業團隊，曾榮獲30次「國家建築金質獎」，領域涵蓋規劃設計類、施工品質類與公共工程類。

岡山社宅在歷經嚴格評選後，由宏昇營造與恩典聯合建築師事務所共同投標，展開工程設計與營造工作，起造高雄第一棟以智慧綠建築為規劃的社會住宅。未來預計取得銀級綠建築標章、

合格級智慧建築標章、無障礙住宅標章與耐震標章。

## 淨零雙軸轉型

如果說，凱旋青樹是南高雄的社宅典範，而岡山大鵬九村社會住宅在完工後，則將成為結合環境永續、資通訊技術的全國智慧綠建築，實踐真正的綠色永續與數位科技之雙軸轉型（Twin Transformation）。

所謂雙軸轉型，是歐盟在 2021 年《聯合國氣候變化框架公約》中指出，為了達成 2030 年減碳 45% 與《巴黎協定》訂下不超過 1.5°C 的目標，各國政府應積極推動如製造業、交通、建築和其餘商業部門的數位化，透過提升生產效率及企業商業模式轉換，協助企業數位轉型達成永續綠色目標。

而高雄市社會住宅智慧雙軸轉型的願景，正體現在岡山大鵬九村。

談起高雄產業結構時，陳其邁曾說：「要蓋那麼大的工廠、煙囪也不是高雄決定的。」意指過去台灣經濟發展時，中央政府決定了高雄肩負工業發展的使命、必然產生有別於其他縣市的碳排結構。

陳其邁強調，在社宅政策推動上，將從選址規劃階段開始，建造以人為本、兼顧舒適與環境永續的建築，市府團隊將積極找資源、找土地，並與國家住宅及都市更新中心持續合作，同時集結優質實績的營造建築業者，穩健達成預定興建的社宅總戶數，這是對市民的承諾，亦是留給下一代良好居住環境的真摯願景。

## 6.2
### 高雄厝計畫
# 自然通透的綠建築

一股永續、在地、健康的建築風潮，
為高雄帶來不一樣的城市景觀。

「高雄厝計畫」是高雄永續建築運動的重要政策，從 2012 年推動至今已過 12 個年頭，在全國掀起一陣綠建築風潮，儼然成為新建築顯學。

所謂高雄厝，是秉持環境永續、反映在地自明性、居住健康等三大核心理念的建築設計，同時在相應範疇訂定 10 項設計準則，例如有會呼吸的透水基盤、有效的深遮陽、在地材料與技術導入、埕空間的創造、人性化的空間通用設計、環保健康建材的應用、創造有效通風的開口等。

### 從法規到獎勵，吸引民間投入

在高雄厝計畫下，高雄市市政團隊也制定了 12 項政策工具，甚至首創比中央建築法令更高標準的《高雄市綠建築自治條例》與《高雄市高雄厝設計及鼓勵回饋辦法》，鼓勵新舊建物皆能透

↑ 綠意盎然的環境，提供住戶舒適、通透的生活空間。

過建築改造，提升建築能效、防災韌性與宜居品質。

　　除了政策制定綠建築規範與策略外，高雄市政府在品牌面也設置《高雄市高雄厝建築認證標章申領辦法》、《高雄市光電智慧建築標章認證辦法》等；在獎勵面則有「高雄厝興建及研究發展補助計畫」、「推動建築物立體綠化及綠屋頂補助計畫」、「補助建築物設置太陽光電發電系統實施計畫」等，讓高雄厝導入認證機制，讓綠建築成為「高雄款」，成為一個具有識別度的品牌，最後形成一股風潮。

　　在完整的免計容積等鼓勵回饋辦法下，許多民間建築師與建

↑
上：松竹居獲得高雄厝綠建築獎的肯定。
下：高雄積極結合建築美學與優美綠色景觀，營造一座綠色花園城市。

商都投入高雄厝計畫，帶動住宅大樓、辦公大樓等新興建案的外觀轉型。

根據統計，截至 2021 年為止，申請高雄厝計畫並領得建造執照之建築物，已經達到 3,339 件，共計 105,631 戶，成效可以說相當亮眼。根據高雄市工務局統計，高雄厝計畫每年減碳 133 萬公噸；建築綠化方面，涵蓋景觀陽台與立體綠化的垂直森林，已達到 97 座國際標準足球場面積，合計 584,034 平方公尺。

## 結合理論與知識的政策設定

不過，談到高雄厝，大家第一印象不是生冷的數字，而是計畫中針對陽台所制定的設計準則。譬如最深可達 3 米，要有植栽設計，能提供有效的遮陽，降低建築體外部熱負荷對室內溫度的影響。而這種打造視野通透、透光率高欄杆設計、深遮陽的景觀陽台設計，讓高雄厝節能減碳、採光通透、城市垂直綠化的建築特色，深深植入人心，同時也會直接改善空調效率、建築能耗之表現。

政策制定需建立在理論基礎與知識之上，這也是高雄厝成功推動的關鍵之一。

高雄市工務局曾委託樹德科大做了一份研究，以「探討高雄厝景觀陽台設置對室內溫熱環境影響」為題，得到一項結論，發現高雄厝設置的景觀陽台，由於複層式綠化阻隔了太陽直射，成功降低居家室內溫度與減少空調電力負擔。同時，將自然外氣導流，有效調節建築屋內蓄熱情形。

根據統計，符合高雄厝計畫規範的景觀陽台設置，當日上

↑ 設計有風、有綠意也有陽光的通透景觀陽台，是高雄厝的一大特色。

↑ 引入自然光，設計空間通暢的浴廁，讓居住環境更舒適。

午室內外溫度差異達 1.8℃，下午西曬面室內外溫度差異可達 3.5℃，也就是室內溫度比室外低了 3.5℃，節能成效斐然。

　　自然通透涼感設計，以及人性化的室內外居住空間，讓許多居住者紛紛反饋有感。不僅建築耗能下降，綠化環境後的居住體驗也大幅提升。由此得證，低碳節能的生活，其實不必然會犧牲居住舒適度，甚至是擁有更好的居住感受。

　　由於成功推動高雄厝計畫，也因此吸引各縣市政府前來參訪，如台南、台中、新北、桃園、屏東等相關單位，詢問如何設置綠建築鼓勵回饋辦法與立法經驗，在建築的淨零轉型議題上，高雄儼然成為全國綠色永續城市典範。

# 6.3
## 芒果樹基地
# 與自然共存的實踐場域

樹木是良好的地球公民，
人類有太多事物需要向它們學習。

　　由於高雄厝計畫的成功，高雄市政府於 2023 年舉辦「高雄厝國際論壇」，邀請產官學界分享淨零轉型經驗。同時為了表揚有理念的綠建築環境起造人和建築師，也舉辦綠建築大獎頒獎典禮，由市政府評選 20 件優良高雄厝作品。

　　而這一年，「芒果樹基地」贏得了綠建築評審團首獎。

### 樹才是土地的主人

　　位於高雄大寮區立德路上的芒果樹基地，是百佑營造公司的企業總部。弧形蜿蜒、不對稱的建築結構，圍繞著一棵百年老欉芒果樹，歷時 6 年打造出一座「零耗能建築」，由台灣建築師曾瑞宏與日本建築師末光弘和共同設計。

　　柔和的建築線條，繁盛的芒果樹與綠色植栽沐浴暖陽，綠繡眼、麻雀自由穿梭，松鼠、蝸牛享受徐風吹拂，這座洗石子灰色

立面與橫條格柵的建築體，早已悄然融入周遭環境。

一棟成功的綠建築規劃設計，仰賴業主與建築師之間的深厚信任。

回想起當時情景，這裡還是一片雜草叢生的空地。百佑營造董事長洪光谷表示，在偶然機緣買下了這片土地，彼時四周雜木林充斥。

洪光谷表示，買下這塊土地後，需要先進行土地鑑界工作。所謂土地鑑界是協助釐清土地地界位置，解決雙方土地權益爭議的方法，也是土地買賣流程中，雙方確認土地範圍、土地有無被占用重要的機制之一。

當洪光谷請怪手整地時發現，這片雜木林中藏著一棵芒果樹，向附近居民探聽才知道，這棵芒果樹已經存在於此地超過

↑ 建築師曾瑞宏(左)與百佑營造董事長洪光谷(右)，合力建構這處與自然共生的建築體。

↑ 芒果樹基地，不僅是企業總部，更是棟綠建築，曾獲得綠建築評審團首獎。

一百年。因此，洪光谷聯繫了有多次合作經驗、同樣對綠建築、環境永續抱持信念的曾瑞宏建築師，前來基地探訪。

曾瑞宏過去曾協助草擬《高雄市綠建築自治條例》，是參與「高雄厝一號」的建築師，長期深耕永續建築議題與推廣綠建築理念。

2017 年 6 月 5 日那天，洪光谷帶著曾瑞宏來到基地現場，並對他說：「這塊土地真正的地主是芒果樹，請規劃最適合這棵樹生長的環境。」對洪光谷來說，辦公室旁邊有一棵百年芒果樹，是非常幸運的一件事情，無論如何都要保留下來。

隨後，洪光谷向曾瑞宏提出第二個請求：「我要真正的綠建

築,但是不要申請綠建築標章。」

本身是營造專業的他深知,在國家現行綠建築法規中,有一些規範其實有討論空間,如環保油漆的使用,其實對一些有心打造綠建築的業主而言,並非必要條件。

洪光谷認為,真正的綠建築無須使用油漆,只要選用環境永續的良好建材,就能有很好的耐候性,也可以降低維護清潔的費用。此時,洪光谷看見曾瑞宏眼中閃爍著光芒,或許是因為兩人對於自然的看法是一致的,「人走了,樹還在,樹才是這裡的主人,」洪光谷堅定而溫暖地說。

## 跟樹木學習做一個好的地球公民

隨即,曾瑞宏與末光弘和展開規劃。

「順應自然、向自然學習,氣候變遷課題幾乎完全是人類造成的,」曾瑞宏說,他相當認同洪光谷的理念,這也是當時進行這棟建築設計時,最重要的出發點。他認為人類要調整心態,必須知道人類相較於自然界萬物,並沒有更崇高的地位,人只是物種的一部分,人類需要更尊重自然環境。

為了更認識這棵芒果樹,以及打造順應自然生長的建築體,設計團隊在設計前期做了許多基礎調查與氣候量測。「我們測了太陽軌跡,討論建築物怎麼退縮,可以讓這棵樹擁有充足的日照時數,」曾瑞宏說,此外,還做了風場模擬、溫度與濕度監測、氣壓測量等,盡可能減少對樹木原生環境的改變。

建築主體順應芒果樹設計,設計有機的建築結構背後,其實隱含著深刻的叩問:「樹在這裡一百年了,它有用掉地球環境資

源嗎？」曾瑞宏表示，樹木是良好的地球公民，人類有太多事物需要向它們學習。

透過導風、集水節流等被動式設計，以及高效能換氣設備與空調設備、節能照明燈具等主動式設計，成功降低接近 8 成的能源消耗，再藉由太陽能光電板運作，能夠達成建築物的能源消耗平衡。

「實際使用下來，我們發的電比我們用的能源還要多，」曾瑞宏說，在芒果樹基地完工後發現，建築能效表現比預期設計的還好，目前正在設計儲能設備，希望將多餘的太陽能光電，回饋給當地社區居民使用，形成區域供電網絡。

## 發展亞洲地區的建築原型

在施工過程與材料取用方面，設計團隊堅持與在地匠師合作，並且選用在地材料，減少運料過程的碳排，「回到工匠精神，就是因地制宜，這樣才能達到最低碳的路徑，」兩位建築師認為，綠建築應回到最質樸的狀態，當用料取材在地化、施工品管確實，再運用主被動複合式節能設計，綠建築造價不一定昂貴，「芒果樹基地跟同樣條件的建物，造價並沒有比較貴，」他認為，綠建築日後維護費用大幅降低，所帶來的空間品質與美學概念，甚至超過傳統建築表現。

曾瑞宏強調，現在的建築沒辦法犧牲美學跟舒適性，以他長年規劃綠建築的經驗來說，他不斷在找尋與呈現「解方」，一個實現環境永續的建築解方。近 30 年的建築師執業經驗，他從未停止反思環境與建築之間的關係，他多次質問自己：「我們都自我

↑ 芒果樹基地強調樹才是這裡的主人，因此用心保留著這棵百年老樹。

感覺有遠見，但是向度對嗎？還是只是在錯誤的道路上狂奔？」

因此，曾瑞宏與末光弘和創辦了「綠色亞洲實驗室（Green Lab Asia）」，以綠化設計、綠化資訊和綠化活動做為三大主軸，致力於回應與減緩極端氣候之建築技術研究、綠建築理念與教育推廣等工作。團隊成員包含洪光谷、前高雄市議員吳益政、高雄大學建築系教授曾梓峰等人，「我們希望以高雄為基地，發展出所謂東南亞地區的建築原型。」

簡短的一句話，難掩捲動永續建築浪潮的巨大野心，驅動這些思維的，是改變人類與自然相處方式的深厚願景。

他們認為，亞洲地區占全世界人口超過五成，以氣候變遷課題來說，亞洲地區的氣候更具有代表性，如果能聚集一群有志之士，在亞洲地區創造出符合在地脈絡的低碳建築型態，那對於減緩氣候對地球的威脅，將是莫大的助力。

簡言之，若能在台灣南部，找到回應氣候變遷問題的建築原型，即可在東南亞地區推廣、產生典範轉移，讓亞洲地區營建過程的降低碳排結構產生變化。

### 淨零工作營造業不缺席

歷時 6 年完工的芒果樹基地，是洪光谷、曾瑞宏與末光弘和等人，對於綠建築實踐的又一次突破，一棟零耗能建築不是口號，而是生生不息的永續存在。

洪光谷回望芒果樹基地的施工歷程，笑著說：「是這棵芒果樹找我們來的，是我們的福氣，」他認為，營造與建築產業的淨零推動工作迫在眉睫，面對全球暖化與極端氣候，如果再不開始

減碳工作,後果真不堪設想。

憶起初識這棵雜木林中的芒果樹,洪光谷、曾瑞宏感覺樹形猶如奔跑的巨人。或許,這正是高雄低碳淨零轉型的隱喻,承載重工業發展宿命的港都,積極推動各產業部門的淨零轉型工作,過程辛苦而漫長,需有馬拉松跑者的毅力和決心。

只是這次,這座城市將會在正確的道路上狂奔。

第七課 農業轉型

# 打造低碳農漁業

12 LESSONS TO NET ZERO ⟶

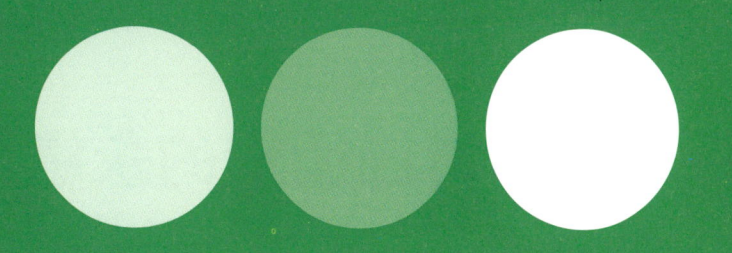

大自然滿足人類需求
我們也應思考兼顧生態
建立永續產業

# 7.1
# 推動資源循環的永續環境

當我們開始思考資源如何永續利用時，
正逐漸邁入循環經濟的核心思維。

為了實踐 2050 淨零策略，高雄市政府擬定「高雄市淨零架構」，針對農業與環境部門，以「打造低碳韌性農業」與「廢棄物資源化」做為推動淨零工作推動主軸。

### 推行資源再利用的思維

目前進行的工作，包含農業局主責的畜牧糞尿資源化、推動低碳農業；海洋局負責漁電共生計畫，以及宣導廢漁網回收工作；至於環保局主導焚化底渣再利用計畫。跨局處分工協作，讓不同場域得以持續進行廢棄物資源化與資源循環化等項目。

當我們開始思考資源如何永續利用時，正逐漸邁入循環經濟的核心思維。

在行政院國家永續發展委員會所制定「淨零十二項關鍵戰略」中，「資源循環零廢棄」是由環境部所主導的業務範疇，內

↑ 透過制定十二項關鍵戰略，加速全民減碳的腳步。

含「綠色設計源頭減量」、「能資源化再利用」、「暢通循環網絡」與「創新技術與制度」等四大推動策略；主要希望達成三大目的，分別是「永續消費與生產」、「提升資源使用效率」與「加值化處理廢棄物」。

若對照聯合國的永續發展目標，則是目標第十二項「負責任的消費與生產」所指涉之內容，亦即希望各國政府加速自然資源永續管理，推動源頭廢棄物減量、永續公共採購等工作，讓經濟成長與環境惡化可以徹底脫鉤。

事實上，高雄市政府費了相當大的心力在推動廢棄物資源化

的議題上，在不同產業建立循環經濟系統。

從物質生產、消費、廢棄到再生等階段，盡可能掌握最新的資源再生技術，提供經濟誘因與政策利多，確保不同物料與資源得以再次進入消費市場，實現環境永續與經濟發展的雙贏局面。

**把廢物變成黃金**

根據聯合國環境規劃署的估計，每年有 1,000 萬到 2,000 萬公噸塑膠流進海洋，嚴重影響海洋棲地環境、造成地區環境污染。為了解決塑膠污染問題，聯合國在 2019 年時通過的大阪藍海願景（Osaka Blue Ocean Vision），設定 2050 年海洋廢棄物歸

↑ 高雄市海洋局鼓勵漁民回收廢棄魚網，即可獲得獎勵。

零之目標。

高雄市海洋局針對海洋廢棄物，制定一系列資源循環化的工作項目，鼓勵市民朋友共同為海洋資源與環境永續盡一份心力。

以廢棄漁網、又稱為幽靈漁網的議題上，高雄市政府制定了廢棄漁網回收再利用計畫，「漁民作業回來其實相當疲憊，沒有太多時間可以整理廢棄漁網，」海洋局漁港管理科科長葉宗賢談到，漁港雖然是公共場域，但是最大的使用者是漁民，許多漁民捕魚回港後，便會將用不到的漁網置放在港邊。

自 2018 年開始，高雄市政府決心推動示範型計畫，展開廢棄漁網回收工作，減少廢棄塑料對海洋生態造成的傷害。

葉宗賢提到，雖然有回收業者在此前持續有做漁網回收工作，但是考量經濟效益，回收業者希望每一趟出車都滿載，因此會要求基礎載運量。但對漁民而言，幾包漁網已經占據很大空間，不太可能存至上百斤的廢棄漁網數量後才配合業者收運，因此，處理廢棄漁網的意願自然不高。

「供需部分沒有人去做嫁接的服務網，」葉宗賢直指問題核心，一般來說，漁網回收業者會和大型漁業公司配合回收再利用計畫，因彼此存在大批漁網購置的業務往來，但對一般漁民來說，回收漁網是一件不敷成本的事情。

因此，高雄市政府海洋局與興達港區、永安區、彌陀區、梓官區、高雄區、小港區與林園區等漁會合作，鼓勵漁民將廢棄漁網回收換取商品禮券，提升廢棄漁網再利用率。

「有了獎勵回收機制之後，漁民們就會認真整理漁網，漁網要秤重、一包至少要有 10 公斤，才可以兌換商品禮券，」葉宗賢笑著說，計畫推動 4、5 年來，海洋局收到很多正面的回饋，因為

↑ 漁民拿廢棄漁網過磅回收後，便可兌換到商品禮券。

漁民大多都是長輩，在拿到商品兌換券後，會開心地買東西給孫子，時常聽到漁民前輩們驕傲地說：「我把廢物變成黃金了。」

**善待海洋廢棄物實現資源永續**

廢棄漁網回收後，廠商會將漁網攤開進行前處理，整理乾淨再轉賣至塑膠粒製程工廠，最後把漁網還原成微小塑膠粒，用於不同的塑膠產品再生產，如棉被、電腦機殼等。

葉宗賢表示，每回收 10 噸的廢棄漁網，希望能將其還原成 6 成的塑膠顆粒；隨著技術成熟，整體塑膠再利用率會再提升。根據 2023 年海洋局統計，總共收購 30.15 公噸廢棄漁網，回收再利用率大概 18 公噸。在 2024 年的收購總量目標，也將會向上調至 48 公噸。

廢棄漁網回收再利用計畫，從 2018 年推動至今，已成功回收

119公噸,再利用率由3成進步到6成,表現相當亮眼。葉宗賢強調:「我們希望建立一個觀念,漁網是有價的。」透過回收計畫,也能讓漁民理解漁網的殘餘價值,有效減少廢棄漁網的丟棄情形。

除了廢棄漁網現場回收,海洋局也積極舉辦再利用工作坊,帶領國小學生利用廢棄漁網、浮子與沉子等素材,製作手提編織袋與相關藝術創作,強化海洋廢棄物的環境教育。

善待海洋廢棄物,才能讓高雄成為與自然生態共存的港都,實現海洋資源永續的第一步,

# 7.2
## 漁電共生計畫
# 為發展綠色能源加值

推動漁電共生，不僅是維繫海洋生態永續，
也希望成為能源轉型的助力。

做為一座港灣城市，大高雄地區市民的生活便與海洋生態密不可分，而執掌海洋產業發展，維繫海洋生態永續等業務的海洋局，則肩負起實踐海洋政策願景的重責大任。

為了響應中央綠能發展目標，高雄市政府海洋局秉持「漁業為本、綠能加值」的核心價值，持續推動高雄市漁電共生發展，於 2021 年 2 月 2 日成立全國第一個「漁電共生專案辦公室」，加速協助整合府內外相關機關和資源，提供民眾有關漁電共生計畫的諮詢、法規商研及政策研擬等各項服務。

其實，在推動漁電共生的背後深意，不只為了維繫海洋生態的永續發展，更重要的是，希望實現台灣能源轉型，落實能源多元化與自主供應的政策願景，並朝向 2025 年 20GW 太陽光電設置目標邁進。

由於台灣地狹人稠的土地特性，太陽能光電裝置多以屋頂型為主，地面型光電則鼓勵多元設置於不同場域，譬如陸上魚塭養

↑ 依據地形及場域特色，太陽光電設置模式也不同。圖為屋頂型漁電共生案場。

殖，就很適合設置地面型光電設備。而發電設備的申請流程，則需要經過地方主管機關審核，以及環境與社會檢核等階段，避免發電設備裝置對環境造成額外的衝擊與負擔。

根據中央公告「可優先推動漁業經營結合綠能之區位範圍」，高雄市共有 2,923 公頃。以前述範圍為基準，海洋局期望 2026 年能設置 250MW 的太陽光電裝置容量。

### 成立專案窗口協助案件審查

海洋局漁業推廣科股長尤嵐龍分享，高雄的漁電共生計畫分三階段推動，第一是案件審查，其次為施工輔導，第三階段為養

↑ 高雄市漁電共生說明會，吸引了養殖漁民、地主及光電業者踴躍參與。

殖事實的查核。「而目前全國只有高雄市政府設立漁電共生專案辦公室，提供單一諮詢與政策推廣的窗口。」

「起初申請案件量非常大，為了加速審查效率，我們制定了漁電共生申請文件範本，並提供業者自主檢查表，降低申請難度，增加業者的意願，」尤嵐龍表示，有了漁電共生辦公室做為單一窗口專責處理申請事宜，對推動計畫來說，更是一大助力。

在審查過程中，各種案件紛紛湧入，千奇百怪的類型，也造成審查人員無所適從的困境，尤嵐龍舉例：「譬如有一些光電設備是直接鋪排在養殖池上，不太確定會不會因此影響養殖收成，如果遇到這種狀況，我們就會立刻召開專家學者諮詢會議，藉由專業意見來判斷該場域適不適合建造光電設備；或是進一步發函至中央漁業署，詢問可行性。」

案件申請流程與審查標準解決之後，高雄市政府進一步於2024年4月25日，訂定「高雄市政府漁電共生案場施工輔導實施方案」，主要是為了確保漁電共生案場施工人員與周遭環境安全，所進一步制定的輔導政策。其用意是輔導通過審查的案場，在施工時不要造成民眾們的困擾，而施工期間，海洋局也會協同相關局處，如工務局、水利局、環保局及勞工局等，針對各自業務職掌進行完善的督導及把關工作。

因為漁電共生計畫是中央能源轉型的重要政策，申設過程涉及複雜環節，包含農業容許、建照與使用執照的申請、電業籌設、海岸管理特定區位許可、出流管制及饋線申請等。透過漁電共生專案辦公室跨局處整合與溝通，才能有效率地執行輔導工作，加快漁電共生案場的申設進度。

高雄市在漁電共生政策推動上，不僅領先各縣市政府，從案

件受理、審查、施工輔導到後端的養殖事實查核，每一項環節都投入了大量人力，相當謹慎。在降低光電設備的設置對環境的影響程度上，亦沒有因為政策期程或是各方壓力，放寬對任何案件應有的審查標準。

## 為太陽光電場域打造基礎建設

2024 年 4 月，高雄最大漁電共生案場、發電量達 69MW 的「大創綠能彌陀一期」，已經成功與台電系統併網，預計未來可以提供 8,750 萬度電、約 21,509 戶家庭的年用電量，每年將可以減少 43,225 公噸的二氧化碳量。目前大創綠能彌陀計畫持續施作發電量達 64MW 的第二期案場，期望能將該場域的光電循環效益推展到最大化。

高雄市政府推動漁電共生計畫之所以能有如此成效，除了首長意志之外，成立專責的專案辦公室也扮演了十分關鍵的角色。不過，對一般社會大眾而言，雖然理解發展太陽光電的重要性，但其成效尚未顯著到能獲得多數社會輿論的認同與共識，對此，陳其邁也十分關注，採取以嚴謹態度支持這項政策的態度，時時提醒海洋局同仁務必更加審慎應對，不要讓政府的美意，造成民眾的不安與誤解。

依照經濟部淨零關鍵戰略，規劃台灣再生能源占比應在 2030 年達到 30%，其中太陽能光電扮演相當重要的角色。對於漁電共生政策，高雄市政府團隊做足了準備，期望透過太陽能光電場域的良好基礎建設，為邁向低碳漁業立下標竿。

# 7.3

## 廢棄物資源化
## 畜牧廢棄物再利用

**如何在糧食生產供應與低碳轉型間取得平衡，**
**是城市治理者努力的目標。**

環境部氣候變遷署的研究指出，台灣農業部門溫室氣體排放結構現況，分為兩大範疇，即「燃料燃燒使用」與「非燃料燃燒使用」。前者排放源包含農機具、漁船、幫浦燃料使用、園藝溫室與穀物乾燥等，相關燃料與電力使用過程所產生的二氧化碳；其中又以漁船用油，為主要的溫室氣體排放源。後者包含作物殘體燃燒、水稻種植、尿素使用、農耕土壤與畜禽糞尿管理等；其中最大碳排放源為農耕土壤。

從 2019 年環境部統計資料可以得知，燃料使用之溫室氣體排放量為 3,073 千公噸二氧化碳，而非燃料使用為 3,301 千公噸二氧化碳當量。

在邁向淨零轉型的漫長過程中，農業部門的責任，除了持續減緩溫室氣體排放外，確保國家糧食穩定供應與生產安全，更是職責所在。如何在糧食生產供應與低碳轉型間取得平衡，是各縣市政府努力達成的目標。

根據高雄市政府農業局統計，高雄市耕地面積為 47,743 公頃，約占土地總面積 16%。農戶數為 7 萬 1,307 戶，農業人口近 25 萬人；主要農產品以蔬菜、水稻和水果為主，農作區分布在美濃、大寮、橋頭、林園、阿蓮、燕巢等地。在畜牧產業部分，高雄的畜牧場與飼養場共有 1,093 場。高雄市農牧產值約 275 億，畜牧產值約為 102 億。

## 你的廢物，是我的資源

雖然高雄畜產農牧規模不似雲林農業大縣，但仍有相當可觀的經濟產值，任何政策推動都將牽動數十萬的農業人口。淨零政策涉及複雜的科學概念，如何將這些概念涓滴至基層農家，考驗高雄市政府的政策溝通智慧。

從 2016 年開始，高雄市政府農業局與環保局合作，推動畜牧糞尿資源化政策，共同輔導畜牧業者申請沼液、沼渣資源化措施、並提供農友施灌，以達成畜牧廢水資源化的目標。

畜牧糞尿水經過固液分離機處理分離出來的固體是禽畜糞渣為堆肥來源之一。液體經過厭氧消化後生成之水溶性物質為沼液，固體產物則為沼渣，沼液及沼渣中含有豐富的養分物質，不過如果要符合放流水標準排放至河川，仍需要進行曝氣、沉澱等流程；農民若要進行施灌使用，需要向地方主管機關提出申請獲許可後方可進行農田肥分使用。

根據高雄市政府環保局統計，從 2016 年開始至今，共有 81 家農戶使用沼液沼渣進行灌溉工作，每年核准施灌量為 30 萬公噸。目前已核准 187 家畜牧場，在畜牧場廢水經過厭氧發酵處理

## 轉廢為資源的創新行動

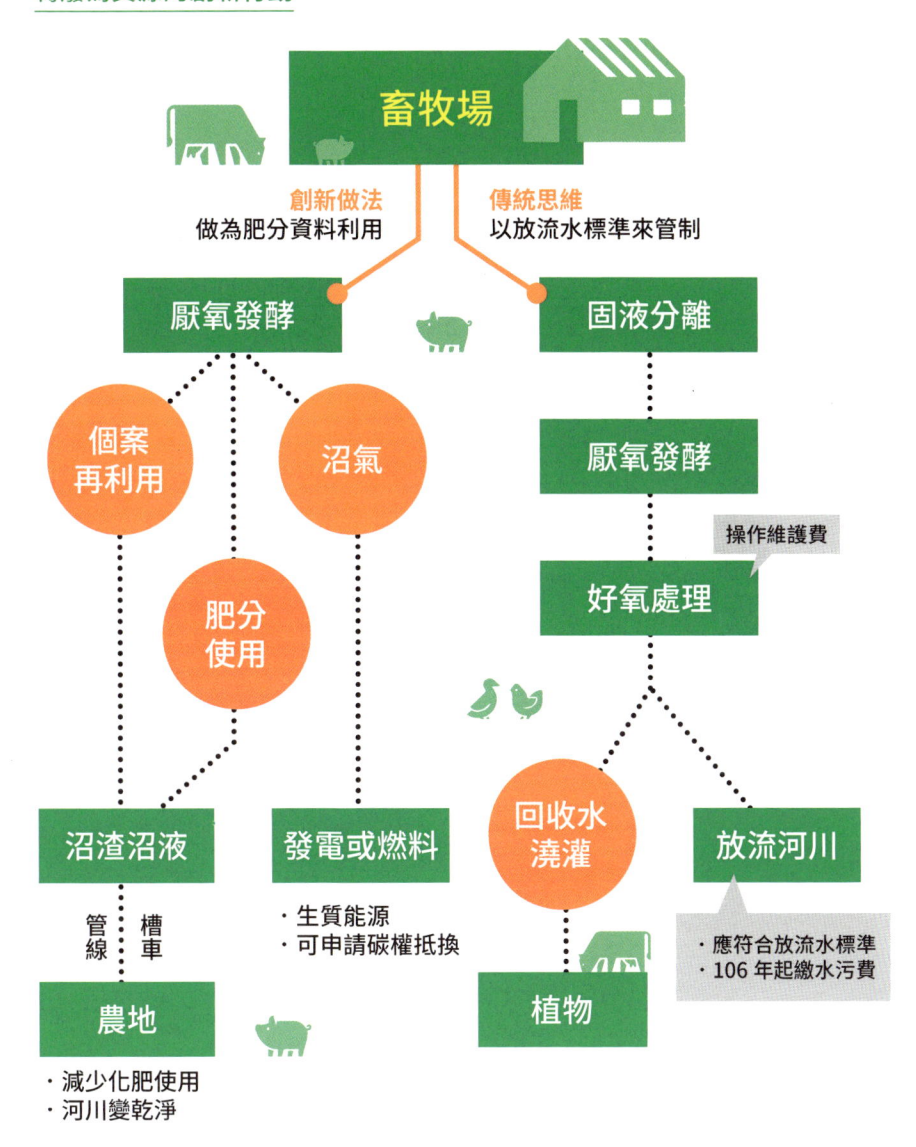

```
                          畜牧場
                     ／              ＼
              創新做法              傳統思維
          做為肥分資料利用        以放流水標準來管制
                ｜                    ｜
              厭氧發酵              固液分離
            ／    ＼                  ｜
        個案        沼氣           厭氧發酵
        再利用        ｜              ｜
           ＼      肥分           好氧處理  ← 操作維護費
            ＼    使用              ／  ＼
             ＼   ／            回收水    放流河川
          沼渣沼液  發電或燃料    澆灌
         管線│槽車  ・生質能源      ｜      ・應符合放流水標準
            ｜    ・可申請碳權抵換  植物    ・106年起繳水污費
           農地
     ・減少化肥使用
     ・河川變乾淨
```

資料來源：全國畜牧糞尿資源化網站 https://epafarm.epa.gov.tw/

後，產生得以施灌農地的沼液沼渣；而使用沼液沼渣施灌面積達到 247 公頃，每年約可減少 17.4 萬噸畜牧廢水排入河川。

「目前有 4 輛沼液沼渣槽車，只要是通過許可的畜牧場與農地農友，都能打去環保局集運專線，排定沼液沼渣運送，」農業局畜產管理科技士林昆成表示，目前槽車集運都採取免費配送措施，希望增加農民使用沼液沼渣的便利性，降低反彈，才有助於提升政策效益。

林昆成說，不同農作物所需要的施肥量不同，所需配送頻率也有所差異。對於農業局來說，如何擴大糞尿資源化效益，是淨零轉型推動的重點工作之一，「我們希望推動養豬場周遭的農地都可以使用沼液沼渣，讓更多人瞭解經過處理的糞尿水肥分品質其實不錯。」

因此，在農地使用沼液沼渣澆灌後，環保局委託環境顧問公司進行專業評估，同時不定期邀請農業相關的專家學者，現地觀察、給予農友施肥建議。林昆成強調，任何政策推動，都需要具備同理心、站在農戶立場思考，才能真正留下有意願嘗試新做法的農友，接受媒合專業團隊的輔導。

### 讓黑金變黃金

這天林昆成展開例行拜訪農友工作，走訪燕巢一處種植芭樂、芒果與棗子的農地，詢問農友陳金城使用沼液沼渣的情況。

「陳金城大哥長期跟 2、3 公里處的豬場合作，運用環保局的集運車從牧場端載沼液沼渣過來，」林昆成指著不遠處的沼液沼渣暫存桶表示，在近兩公頃的農地上，農友陳金城施灌了 4 年

的沼液沼渣，至今已經完全不使用化學肥料。

「其實我們以前曾經去養豬場載過豬屎和豬尿，在農地用了之後，發現芭樂長不出來，」陳金城回憶，在沼液沼渣發酵技術成熟前，許多農友對畜牧糞尿肥分抱持著存疑的心態，以致當政府開始推動沼液沼渣時，農友普遍對這項政策不瞭解，更別提怎麼灌溉、怎麼管理。

新政策與新技術的普及，需要龐大的社會溝通成本。

從 2016 年開始，農業部、環境部與地方政府合作，在全國各縣市辦理超過 600 場次說明會。在一次次說明會上，高雄市政府農業局畜產管理科大力向農友溝通，參與畜牧糞尿資源化計畫的好處。

在一次說明會上，陳金城第一次聽到沼液沼渣，抱持著試一試的心態，決定申請參與此計畫。陳金城坦言，起初不敢全部替換成沼液沼渣，仍有施用部分化肥，深怕一有閃失作物全部折損。於是，他分區栽種作物，在不同區塊使用純化肥、純沼液沼渣以及各參半的做法，帶著比較研究的實證精神，認真觀察作物

↑ 農友陳金城利用沼液沼渣施肥，成功讓黑金變黃金，栽種的水果更好吃。

的生長情形。

　　結果出乎陳金城意料,回想起栽種過程,他說:「沼液沼渣一用下去,好多蚯蚓出現了,水果也比較好吃。」他逐漸找到沼液沼渣的使用方法與施灌頻率,每週穩定和畜牧場進料,並且不再使用化學肥料。

　　「這4年來我的水果,從來沒有去市場賣過,」陳金城露出爽朗笑容,分享自從用了沼液沼渣灌溉,收成的水果根本不需要載去市場賣,有人吃過直接跟他包一整期的作物,年復一年。而沼液沼渣灌溉所種出來的水果與土壤,通過農業局檢測,不僅沒有農藥問題,土壤檢測的肥沃度與營養成分也很高,「真的比有機還有機,」陳金城笑著說。

　　沼液沼渣資源化政策推動,成功讓「黑金變黃金」,也讓愈來愈多農友,願意使用沼液沼渣做澆灌。根據環保局統計,沼液沼渣資源化的年減碳量達3,227公噸,是農業部門相當成功的循環經濟模式。

### 畜牧廢水厭氧發酵再利用

　　除了善用沼液、沼渣做為農業施灌之外,高雄市政府也積極推動內門畜牧廢水資源化中心,在2023年時成功整合15家畜牧場,處理11,684頭豬隻廢水,減少8.5萬噸畜牧廢水流入二仁溪,成效非凡。

　　內門畜牧廢水資源化中心是高雄市首座廢水資源化中心,透過管線將畜牧場廢水運送到厭氧池,而廢水經過厭氧發酵後會產生沼氣、沼液與沼渣。沼氣做為發電使用、沼液飼養微藻做漁產

↑ 內門畜牧廢水資源化中心,能將畜牧場廢水再利用,達到循環經濟效益。

飼料使用、沼渣則做有機堆肥。環保局局長張瑞琿表示,內門畜牧廢水資源化中心實現了減碳、發電和改善河川品質等循環經濟效益,也是環境永續共生與畜牧糞尿水資源再利用的重要成果。

農業轉型與資源循環化,所對抗的是線性經濟生產消費模式。唯有永續生產消費樣態,才能創造環境共好共榮的情景。

高雄的農業轉型,創造了低碳農業的典範,也讓更多農友深信,淨零轉型與經濟發展不是對立的概念,甚至可能成為一組同義詞。

第八課 環境轉型

# 循環經濟大未來

12 LESSONS TO NET ZERO ⟶

減少過度消費
提高材料使用率
才能與淨零減碳愈來愈近

# 8.1
# 資源再利用的多元面向

**建立循環系統和物質流動模型，
才能避免有限的地球資源被耗盡。**

　　「當最後一棵樹枯死，最後一條河被污染，最後一條魚被吃掉，我們才知道，原來錢，是不能吃的。」這句古老的印地安人諺語，訴說環境與生態永續的議題，既不遙遠也不抽象，而是攸關著人類生存的迫切課題。

　　當我們談論淨零轉型時，「循環經濟」一詞常伴左右；從政府部門、資本市場、學術機構和公民社會，對於循環經濟的思辨與討論程度迅速倍增，循環經濟和淨零轉型儼然成為同義反覆句。

### 循環經濟是環境永續思維

　　成立於 2017 年的「循環經濟基金會」（Circle Economy Foundation），位於荷蘭阿姆斯特丹，致力於研究全球循環經濟發展現況與推動相關議程。每一年基金會都會發布〈循環差距報告〉（Circularity Gap Report），檢視世界各國循環經濟發展程度，

給予已開發國家和開發中國家相對應的循環經濟策略轉型建議。

報告中指出，儘管循環經濟受到高度關注，但是全球再生材料使用比率，卻從 2018 年的 9.1% 下降至 2023 年的 7.2%，消耗性材料卻持續上升，顯示循環經濟在某種程度上，仍是充滿崇高言論與理想的「大趨勢」。

循環經濟基金會也提醒，如果世界各國不積極採取行動，減少過度消費、提高二次材料使用率，將使產業和政府陷入無法實現淨零轉型的風險。

在 2024 年最新的〈循環差距報告〉中，基金會為各國政府羅列出幾項具體行動方案。

首先，應制定檢視循環經濟發展程度的指標。指標的重要性其實不亞於國內生產毛額，因為循環經濟發展程度，攸關著總體經濟活動轉型、因應未來環境挑戰的速度。其次，各國應設定材料使用總量及廢棄物生產總量之上限，並以任務為導向制定溫室氣體減排目標。第三，在技術創新上，導入智慧財產權豁免思維以加速技術轉移。

甚言之，鼓勵金融機構、已開發國家減免發展中國家債務，促使債務國運用可負擔的資本投入低碳技術發展，減緩發展過程中對氣候變遷造成的影響。此外，報告也強調，各國應建立以人為本的循環經濟，確保沒有任何人在轉型過程中被遺漏；確保循環綠色就業，強化基礎教育與職業教育的知識培力，讓勞動者能在環境永續價值鏈中過著有尊嚴的生活。

循環經濟的說法，最早來自美國經濟學者波爾丁（K.E Boulding）在 1966 年發表的一篇著作，名為〈將臨的地球號太空船經濟學〉（The Economics of the Coming Spaceship Earth），文章

中寫道:「地球是一艘孤獨的太空船,沒有無限的儲存庫,無論資源開採或是環境污染,人類必須在循環生態系統中找到自己的位置,才能持續進行物質的再生產。」

地球資源有限,如同太空船承載太空人漂泊永夜之中,必須建立循環系統和物質流動模型,才能避免資源完全耗盡。此觀點在另外兩位經濟學者皮爾斯和圖奈(Pearce & Turner)於 1990 年出版的《自然資源和環境經濟學》一書中,得到更細緻的討論和概念化;建立循環經濟的經濟發展模式,目的是確立永續發展的資源管理架構,達成經濟發展與環境永續的平衡關係。

工業革命後,人類不斷開採自然資源,投入大量生產與製造的線性經濟。從原料開產、產品製造、產品使用到廢物丟棄,多屬於一次性的資源使用,每天產生難以量計的垃圾廢棄物。為了服膺資本主義的消費社會,縮短產品生命週期、刺激消費慾望,更是新自由主義全球化市場的慣用商業策略。

隨著地球資源的耗盡,以及極端氣候對人類社會帶來的種種威脅,人們開始意識到線性經濟恐怕成為人類文明的掘墓人;此時,循環經濟的思維,除了是有別於線性經濟社會發展路徑的替代選擇,更是一種資源可再生利用的環境永續思維。如何延展產品生命週期、資源循環再利用、以「零污染」、「零廢棄」做為經濟體制的設計前提等,都是循環經濟討論重點。

簡言之,循環經濟的核心概念在於擺脫線性經濟的發展思維,讓資源消耗與社會經濟發展脫鉤,並且創造減少資源依賴的循環經濟體系;包含生產系統效率提升、強化再製造與再設計等系統整合思維、減少製程的環境成本外部化等。要建立良好的循環經濟體系,需要產業界、學術界、公部門與公民社會的集體努

↑ 美麗的地球資源不能無止境的開採利用，人類必須在循環生態系統中，找到能循環生產的方式。（圖片提供／Shutterstock）

力，才能加速全球社會的綠色經濟轉型。

## 發展總體價值鏈的循環經濟架構

歐盟推動循環經濟發展的計畫架構，一向受到各國關注，也是台灣政策制定的主要參考標的。

歐洲聯盟執行委員會在 2015 年，啟動首項循環經濟啟動計畫（Circular Economy Action Plan），包含立法規範減少廢棄物掩埋、增加廢棄物再回收與再使用率等，並由歐盟執委會提出立法建議與行動方案，建請成員國依相關原則將循環經濟措施內法化。

2016 年歐盟執委會通過循環經濟方案（The Circular Economy Package），訂定一系列廢棄物回收目標，例如在 2030 年前，城市廢棄物回收率達 65%、都市廢棄物掩埋率低於 10%、包材回收率達 75% 等指標。

到了 2020 年，歐盟執委會提出「新循環經濟行動計畫」，制定 35 項行動計畫，並在永續產品設計、消費者賦權與公共採購者、監管措施、建立七大關鍵產業價值鏈等面向上，做為立法目的與要點之推動原則。

首先，歐盟執委會規範進入歐盟市場的消費性產品需要符合永續生態化設計，須具有可修復性、可重複使用性和可回收性等產品性質。《永續產品生態化設計規範》（Ecodesign for Sustainable Products Regulation, ESPR）同時於 2024 年 7 月 18 日生效，預估在 2030 年讓歐盟境內循環材料使用率提升一倍。

其次，歐洲議會與歐盟理事會通過《消費者賦權綠色轉型指令》，規範在缺乏公信力的環境數據佐證下，不得聲稱產品「環

境友善」、「生態友善」、「生物可分解」等特性,避免企業在缺乏證明的前提下進行漂綠(greenwashing)行為。歐盟執委會也推動「綠色公共採購」,將公共採購資金導引至利於永續發展工程或商品上。

第三,歐盟執委會發布《歐洲永續發展報告準則》(European Sustainability Reporting Standards, ESRS),要求大型公司須定期發布企業永續發展報告。確立準則的好處在於評估標準統一,有助於企業在明確列出推動政策時,實質的財務影響與風險為何。

第四,建立七大關鍵產業價值鏈,包含電子產品暨資通訊技術、電池與汽車、塑膠、紡織、糧食、建築、包裝等產業,為其設定產品政策架構(product policy framework)。如《廢棄物框架指令》約束食品加工製造業者,需在2030年前減少10%製造環節的消耗與浪費;《一次性塑膠指令》要求廠商制定生產者延伸責任計畫,肩負廢棄物管理和環境清理成本之義務;《建築能源績效指令》強化歐盟國家建築能源效率提升,提高新建建築零排放標準、規範新建築體全生命週期之碳計算等。

為了達到2050淨零轉型與氣候中和的永續發展目標,歐盟以《歐洲綠色新政》(European Green Deal)為上位指導原則與公共政策核心,並以新循環經濟行動計畫做為行動支柱。歐盟的政策路徑,是一種具備以產品生命週期為基礎、發展總體價值鏈的系統性做法,儼然成為世界各國重要的政策參照。

## 產業循環化、循環產業化

以台灣來說,早年政府便以「3R」原則,包含減量化

（reduce）、再使用（reuse）、再循環（recycle）推動相關工作項目。從 1997 年資源回收四合一計畫、2014 年環保署（現改制為環境部）推動永續物料管理、2016 年以「五加二創新產業政策」驅動循環經濟價值鏈等，皆是台灣循環經濟政策的初期樣態，奠定了廢棄物資源化與再利用的政策發展基礎。

在法規脈絡上，則延續《廢棄物清理法》和《資源回收再利用法》，由國發會在 2018 年正式提出「五加二產業創新計畫」，以產業循環化、循環產業化為經濟模式發展主軸。

做為海島型經濟國家，台灣 7 成原物料仰賴進口，在有限資源運用下，循環經濟發展課題迫在眉睫。根據國發會統計，台灣社會每年消耗 2.6 億公噸原物料、產生 3,300 萬公噸資源廢棄物；其中一般廢棄物回收率約 57.3%，事業廢棄物為 86.5%，顯然在資源循環化方面仍有很大的進步空間。

2024 年，環境部研擬推動《資源環境促進法》，針對消費性產品做源頭管理、導入綠色設計和延長產品壽命等，未來也將對廢棄物生產者徵收「資源循環促進費」，建構完整的循環經濟生產體系。

### 將廢料轉換為替代能源

而高雄市政府在推動循環經濟上，積極建構高雄款的資源回收再利用、永續消費與生產模式。涵蓋事業廢棄物再利用、焚化底渣再利用、掩埋場活化空間、水資源再利用、綠色採購、廢塑膠循環等工作項目。

以物質回收為主、能源回收為輔的策略，配合中央政府廢棄

↑ 塑膠塑料製品能循環再利用，每個人從日常生活即可做到。圖為高雄市長陳其邁。

物能源化相關政策，同時強化城市廢棄物資源化進程，如提高塑膠包裝和瓶罐回收率、倡議再生塑膠使用、鼓勵塑膠產業創新應用塑膠回收與再生技術研發等。

2018 年起，我國政府推動固體再生燃料（Solid Recovered Fuel, SRF）政策，制定「固體再生燃料製造技術指引與品質規範」，跟進先進環保國家之做法，使可燃廢棄資源燃料化、減少煤炭開採與碳排放量，實現「轉廢為能」之效益。

對此，市長陳其邁表示，高雄從 2021 年底開始嚴格控管全市的焚化量能，將適燃性廢塑膠轉製成為固體再生燃料，提供給汽電共生等大型鍋爐之燃燒設備使用，在拓展塑膠去化管道的工作上，可說是不遺餘力。

根據環保局統計，高雄市主要的廢棄塑膠來源分成「廢塑膠混合物（D-0299）」和「廢塑膠（R-0201）」兩大類，目前廢塑膠再利用量能，整年度約為 4,737 公噸，占廢塑膠總量 8.86%，再利用方式包含做為燃料、材料和原料使用。

近年來，在市政府大力招商下，陸續有 SRF 製造廠商進駐高雄，例如台灣首家 SRF 製造廠商隆順綠能，規劃在和發產業園區投資 9 億元建新廠；該公司擅長將廢塑料結合紡織纖維，將有助於廢棄物資源化加速推動。若順利投產，一年將可以產出 12 萬公噸 SRF，減碳量約 240 座台北大安森林公園的吸碳量。

藉由綠色招商引資進入高雄，在創造工作機會的同時，也帶動紡織和塑料產品業者將廢料轉換為替代能源，使產業創造更高的附加價值，為轉型帶來綠色契機。而高雄市政府則扮演輔導與制定 SRF 相關政策之角色，並且持續評估 SRF 產業減煤的廢棄物燃料化實際效益。目前高雄市政府與 3 家 SRF 製造商，分別是洛薇本洲廠、木德環保公司、綠化公司等三家廠商，合作去化高雄市的事業廢塑膠、減緩焚化廠的焚化量能。

## 焚化底渣再利用

此外，高雄市政府在焚化底渣再利用議題上著力甚深，透過焚燒後的廢棄物或是固體再生燃料所產生的飛灰底渣，摻配至水泥類原料中，再回到工程端做使用，即是廢棄資源循環化的最佳典範。

高雄市政府在 2018 年便率先推動「焚化再生粒料 CLSM（控制性低強度回填材料）預拌混凝土廠認可計畫」，建立完善焚化

再生粒料供料制度。根據統計，高雄市 4 座焚化廠每年處理 120 萬噸垃圾，約產出 18 萬噸焚化底渣，經過篩分處理後成為「焚化底渣再生粒料」，再將這些粒料提供給工程單位做為工程材料、回填料使用。

而環保局也確立 CLSM 預拌混凝土廠認證制度，用意在於確保產品出廠品質，為工程安全做最嚴格的把關。

初期推動該政策時，通過 CLSM 認證的預拌混凝土廠僅有 5 家，使用量年約 3.7 萬公噸；到了 2023 年時，通過 CLSM 認證的預拌混凝土廠有 12 家，年產 10 萬公噸以上，無論在製程把關、品質檢驗和產量上，都堪稱全國之最。

不僅如此，環保局亦對 CLSM 預拌混凝土廠進行不定期抽驗，同時納入環保和勞安稽查等項目做為評鑑標準，在推動焚化再生粒料這項循環材料之際，更為公共工程安全做最嚴謹的監督管理。

由於市政府確保使用焚化再生粒料安全無虞，各工程單位的使用量從 2017 年 2 萬公噸，到 2018 年成長至 14.6 萬公噸，現已遍布高雄市全區之公共工程。在年度「焚化再生粒料再利用查核評鑑」上，高雄市政府屢屢獲獎肯定，2022 年使用焚化再生粒料的公共工程，更獲得城市工程品質「景觀工程類」和「土木工程類」的金質獎。

高雄市的資源循環化、廢棄物資源化的循環材料生產模式，為全國奠定了良好的典範，安全穩固的公共工程品質亦有目共睹。高雄市政府證明了一件事情，經濟成長與資源循環化，其實是具有相互加成的作用。

# 8.2
## 公民社會的支持
# 淨零生活的多元樣態

在實踐淨零轉型與環境永續的過程中，
我們需要建立起公民社會的共識。

　　淨零轉型仰賴產官學合作，更需要強韌的公民社會支持，透過公民自我賦權、強化集體環境意識，建構永續宜居的城市。以連續 5 年在「技工舍／旗津社會開創基地」舉辦的「循環綠活節」來說，便是透過公民力量帶動城市淨零轉型的典範。

### 從學校課程激發出來循環創意

　　「循環綠活節」緣起於中山大學社會系副教授邱花妹的「永續發展及社會創新」這門課，起初嘗試在旗津技工舍舉辦「維修咖啡館」（Repair Café），未料引起廣大迴響，活動規模與視覺質感備受肯定，永續發展相關議程也越來越豐富；在 2022 年時，便以聯合國永續發展目標為主軸擴大舉辦。

　　所謂維修咖啡館，是以維修取代拋棄的全球草根性運動。住在英格蘭小鎮 Farnham 的居民，成立以社區為中心的工作室，有

修理經驗的志工，或是退休的專業人士，會聚集在維修咖啡館中，協助居民修復壞掉的日常用具，如收音機、自行車、木桌椅等，透過修復延長物件生命週期，減少重新購買的花費。

在修理過程中，許多居民也意識到，原來許多家電用品是一些小問題導致故障，沒有必要馬上丟棄、造成資源浪費。更重要的是，修理活動除了帶來環境與經濟效益，也修復了社區居民的情感連結。根據 Farnham 修理咖啡館的統計，從 2014 年截至 2024 年，已經完成了 2,617 物件修復工作，維修率達到 67%，顧客滿意度更達到 98%。

邱花妹在一篇介紹全球修理咖啡館運動的專文中提到，Farnham 社區維修咖啡館背後的推手，是英國創意藝術大學教授、永續設計中心創辦人馬丁・查特（Martin Charter），他從 2014 年開始組織志工夥伴，每個月在教堂大廳修理居民送來的各式物件。

## 從點到面擴散影響力

馬丁・查特曾說：「因為環保投入研究、創辦修理咖啡館，卻意外發現，原來修理咖啡館修理的不只是物件，也在修復人的情感與記憶。」邱花妹表示，全球各地有超過 2,000 處類似修理咖啡館的場域，這一波修理運動正是挑戰線性經濟發展模式，即資本主義社會追求資本積累不斷擴大生產和刺激消費的經濟體系；修理運動質疑企業與商品計畫性淘汰產品的逐利策略，行動者訴求拿回社會大眾「維修的權利」（right to repair）。

於是，維修咖啡館成為每年循環綠活節相當重要的核心活動。在 2021 年的循環綠活節，旗津基地禮堂化身為維修咖啡館，

↑上：循環綠活節活動藉由維修、循環使用、共享、都市菜園等多元方式，讓大眾一起用日常行動修復地球，推動永續轉型。（圖片提供／國立中山大學教育部 USR 計畫）
下：在維修咖啡館內，原本無法使用的用品，經過達人巧手後，都被賦予了新生命。（圖片提供／國立中山大學教育部 USR 計畫）

168　第八課 環境轉型　循環經濟大未來

維修志工、達人協助民眾修繕故障的家電，如麵包機、電扇和攪拌器等。據統計，當天下午收到 19 樣物品，完成 8 件修復項目。

為了擴大維修運動量能，2021 年初，中山大學大學社會責任（USR）計畫「城市是一座共事館」，與高雄旗美社區大學、高雄第一社區大學、台南新化社區大學合作，宣布啟動「南方修理聯盟」，後續有屏東大學 USR 重修舊好計畫、屏北社區大學、旗山圓富社區加入。

同時也是高雄淨零學院講師的邱花妹認為，修理運動需以大學、社區大學和城鄉社區組成協作網絡，由聯盟組織輪流舉辦草根維修活動，才能將修理文化帶來的環境影響與社會效益，持續滾動並擴散至各地。

而 2024 年的循環綠活節，以「去去塑速走 Planet vs. Plastics」為主軸，現場設有六大展區，主題涵蓋循環社會、永續食農、海廢再生、生物多樣性、親子樂讀、在地文化等範疇，透過文化展演、親子教育、工藝實作與音樂演出，轉譯複雜艱深的環境議題與淨零知識，讓所有活動參與者能清楚認識海廢、農廢、日常塑膠廢棄物等議題。

每一屆的循環綠活節都吸引許多家庭、社區居民、在地師生參與，抑或來自各地的遊客、在不同領域關注環境議題的行動者，來到這個場域共同探索與思考，淨零生活的多元樣態，以及我們要一起往哪裡走、要留給下一代什麼樣的地球。

由此可見，在實踐淨零轉型與環境永續的過程中，我們不僅需要主政者堅定的意志，更需要堅實的社會團結，和具備共同體意識的公民社會。

而這些，高雄齊備。

# 8.3
## 善用水資源
## 與水和諧共存

乾淨水資源是環境永續的指標，
也是城市得以循環與代謝的關鍵要素。

聯合國永續發展目標第六項（SDG 6）強調，「確保所有人都能享有水、衛生及其永續管理」，此議題涵蓋水資源管理、各產業用水效率、所有人可以使用安全且可負擔的飲用水等。乾淨的水資源是城市現代化與環境永續的重要指標，污水下水道更如同城市靜脈，肩負循環與代謝的重責大任。

### 讓水資源再利用

近幾年來，高雄市政府「治水有成」，不論在提升污水下水道接管率、整治土壤水質、公共污水處理廠流放水回收至產業園區使用、推動水循環再利用與伏流水應用等面向，皆繳出精彩的成績。

尤其在下水道接管戶數與普及率上，執行成果與目標逐年調升，從 2020 年 46%（計算方式：接管戶數 × 各縣市戶數／各

縣市總人口數）上升至2023年的50.2%，預計將在2030年達到57%。

在公共污水下水道部分，高雄市已經開辦高雄、臨海、楠梓、鳳山、旗美、大樹、岡山、橋頭等地污水區，持續促成用戶接管工程。在2023年污水處理率已達74.45%，預計在2030年達到82.57%，在2050年完成100%污水處理目標。

此外，高雄市政府致力推動再生水廠，以多元開發水資源方式確保產業用水無虞。目前高雄市共規劃設置臨海、鳳山、橋頭及楠梓等4座水資源中心（含再生水廠），根據水利局統計，截至2024年，鳳山及臨海廠每天供應8.3萬噸水量；橋頭與楠梓再生水廠仍在興建中，預計2026年開始供應每日3萬噸再生水水量，提供給楠梓產業園區使用，至2030年供應園區再生水量可達每日10.5萬噸。全市總體再生水推動成果，將從2024年的8.3萬噸，到了2030年提升至18.8萬噸，並在2040年達到21.5萬噸之再生水供應量。

端看歷年數據，高雄市政府的公共污水處理廠放流回收水量，以及水資源中心產出的再生水量加總，已經從2018年的每日2.5萬噸、2019年的每日4.5萬噸、2021年的7.8萬噸，至2024年來到每日8.3萬噸，使用水回收再利用的成長幅度相當大；預計在2040年時，將可以達到每日21.5萬噸的使用水回收再利用情形。

## 投入資源進行再生水研發

其中，高雄市臨海水資源中心，是全國首座結合污水處理和

↑
上：中區污水廠將建置一座小型水力發電污水廠，估算每年發電量 100 萬度綠電，可產生 1,000 張綠電憑證。
下：旗美污水處理廠將做為碳中和改善的示範廠，預估每年可減少碳排達 51 萬 7,974 噸。

再生水廠的水資源中心，採用智慧管理監控模式，並用智慧化、自動化技術提升 43% 處理水量，目前每日可供應 3.3 萬噸再生水給中鋼、中油等工業大戶，實現循環經濟進程裡水資源循環再利用的理想。

高雄市政府水利局長期協助再生水技術產業化，結合相關企業投入再生水處理研究，因為唯有落實水循環經濟，才能打造穩固的產業發展基石。高雄臨海水資源中心分別在 2022 年與 2023 年，獲得國家永續發展獎和金擘獎；高雄市政府為新興水資源開發工作投入的心力，廣受到各方肯定。

目前，高雄市供水量遠遠大於產業與民生需求，未來高雄市政府將持續與中央合作，擴建污水廠、再生水廠與取水輸水管線、提升下水道普及率等，在在讓高雄成為全國水資源循環化的典範。

打造與水共存的城市，高雄一直在路上。

第九課　淨零綠生活

# 清淨美好的城市願景

# 12 LESSONS TO NET ZERO⟶

只要每個人在日常生活中
落實減碳習慣
就能實現淨零轉型目標

# 9.1
# 從日常響應淨零排放

每個人一定可以從食衣住行育樂中，
找到實踐減碳生活的方法。

　　「從 2005 年基準年到現在，高雄已經實質減碳 1,379 萬噸，比起台北市整年淨排放量 1,061 萬噸還要高。」在高雄市環保局主辦的「高雄人・自綠生活」減碳活動上，高雄市長陳其邁緩緩道出這句話。對比數字背後的意義，象徵執政團隊淨零轉型的決心，在高雄獨有的產業結構，需付出加倍努力推動減碳工作。

　　之所以加倍努力，不是高雄跑得慢，而是身上負重比較多；起跑後維持等速、到超越全國各縣市，高雄市做了外界難以想像的、高度複雜且功能分化的縝密氣候治理部署，才能累積出減碳與淨零成果。

### 從日常找到實踐減碳生活之道

　　2024 年 7 月 20 日、21 日為期兩天的「高雄人・自綠生活」在高雄國立科學工藝博物館展開。高雄市政府與環保企業攜手合

作,分別從「地方創生‧友善在地」、「零廢消費‧無塑生活」、「循環經濟‧綠色淨零」到「綠活食尚‧環保餐旅」等面向,舉辦一系列主題沙龍,上千位民眾參與環境永續講座、綠生活市集與手工藝活動,讓環境永續與生活減碳的議題持續擴散。

現場參與民眾,皆自備環保袋、環保容器購買在地果乾和美食,不用一次性的塑膠袋,減少塑膠垃圾產生,實現綠色消費的理念。

此外,亦有許多綠色店家製作環境友善、零廢無塑的生活用品,希望深化消費者環境意識。「讓民眾可以更瞭解淨零轉型,每個人可以扮演怎麼樣的角色,」陳其邁認為,每個人都可以從食衣住行育樂中,找到實踐減碳生活的方法。

環保局局長張瑞琿也提到,在城市淨零轉型過程中,民間的參與十分重要,尤其落實在日常生活中。也因此,環保局致力於推動各項政策,例如協助旅宿業者取得住宿型服務「碳足跡標籤」飯店,透過實際盤查計算飯店業者的碳足跡,制定溫室氣體減量策略。

碳足跡標籤認證制度設置目的,是為了揭露生產過程各階段的碳排放來源,讓業者可以自行檢視碳排放量較大的製程,進而減少不必的能源消耗、同時降低運營成本。

旅宿業者在取得碳足跡標籤後,若在 5 年內減碳量達 3% 以上,可以再進一步取得「減碳標籤」。如此一來,旅宿業者不僅能回應國際市場的淨零趨勢,也提供民眾低碳消費的旅遊選擇。

此外,高雄市政府也首創許多先例。例如成立「淨零排放辦公室」、擬定《高雄市淨零城市發展自治條例》、具體提出高雄市 2050 淨零排放目標與策略藍圖等。

陳其邁強調：「在《氣候變遷因應法》通過後，我們是每一條逐一檢視，才訂定地方自治條例。」一方面是迫在眉睫的產業轉型壓力，一方面是回應中央政策方向。高雄市政府秉持嚴謹態度與自我檢視標準，制定淨零轉型策略，並藉由各局處部門、產官學界細緻的討論後，持續調整與對焦減碳路徑，方才穩健地走在高雄款的永續城市轉型道路。

## 牽動產業未來的淨零轉型

「我們是跟新加坡、曼谷那些國際大城市競爭，」陳其邁表示，高雄市的城市轉型過程，大部分力道放在產業轉型，因為他深知，國際市場減碳要求愈來愈嚴格，現在不做，未來不是沒有競爭力，而是可能連訂單都接不到，產品要出口至國際市場都會有問題。

不論是歐盟碳邊境調整機制或是美國《清潔競爭法案》（Clean Competition Act, CCA），兩大市場碳關稅制度皆會對台灣以出口為導向的企業體系，產生相當深遠的影響。前者受影響產業涵蓋鋼鐵、化肥、氫、氨、塑膠、有機化學品等；後者包含化石燃料、水泥、玻璃、精煉石油產品等產業。

因此，與其受制於國際市場環境法規的政策不確定性，政府應加速產業轉型工作，降低企業面臨全球市場風險。陳其邁認為，每個城市要清楚分析碳排結構，並找到適合那座城市的減碳解方。

「以高雄來說，有 81.8% 碳排來自工業部門，這是全世界少有的現象，」陳其邁表示，通過《高雄市淨零城市發展自治條

↑ 高雄國家體育場是全台唯一能容納 5.5 萬人以上，並且獲得綠建築黃金標章的場館。

例》、爭取「碳權交易所」設立於高雄、成立「淨零學院」等，皆是加速推動淨零轉型的關鍵策略。

「既然下定決心要做，就要趕快做。」布建資源、制定法律框架、編制政府組織，每一個環節對城市低碳化轉型都至關重要，刻不容緩。

正因為意識到高雄面臨減碳問題的獨特性，陳其邁的腳步愈走愈快，也讓市政團隊繃緊神經，將對氣候變遷的危機意識，轉換成產業轉型的良好動能，堅定朝向產業智慧化與除碳化目標前進，並用最短的時間完成轉型工作，「在台灣來講，或許高雄步伐比較快，但是在全球競爭下，台灣還是慢的。」

↑ 高雄國家體育場將 8,844 片太陽能光電板安裝於屋頂，每年發電量高達 110 萬度，年減少二氧化碳排放量 660 噸。

而高雄市四大淨零轉型戰略中的生活轉型，與高雄市民生活息息相關，市政團隊針對食、衣、住、行、育、樂、購制定 23 項措施，希望能改變高雄人的生活型態，朝向「淨零綠生活」目標邁進，同時建構低碳商業模式、創造綠生活產業鏈。

### 以減碳永續與世界對話

陳其邁表示，淨零轉型也不只是製造部門、工業大廠的責任，而是關乎每一個人的行為和選擇。對此，高雄市政府各局處擬定相應碳權計畫，不論規模大小，一定要親自帶頭執行，才能

落實政策示範效果。

「像是演唱會的碳足跡就是很好的例子，」陳其邁指出，近幾年高雄能邀請到知名樂團 Coldplay、韓國女子天團 BLACKPINK 來演出，正是因為高雄國家體育場是全國唯一可以容納 5.5 萬人以上、獲得綠建築黃金標章的場館；選擇低碳永續的場館做為演出地點，舉辦「永續演唱會」，也早已是國際音樂產業應對淨零轉型的態度。

從硬體設備來看，高雄國家體育場裝置 8,844 片太陽能板，年發電量達 110 萬度、年減碳排放量達 660 噸。在軟體服務上，秉持聯合國永續發展第十二項目標（SDG12），高雄市政府為演唱會規劃相關減碳工作，提供必要的行政協助，也深受國內外藝人團體青睞。

展演期間，市府打造智慧交通網絡，即時監控道路狀況，大幅改善場館人流進場與散場時間，達成「活動人數加倍、疏運時間減半」的目標。同時，鼓勵民眾搭乘大眾運輸，加碼商圈夜市優惠券等配套交通服務，讓演唱會經濟影響力持續擴大。

「我們很清楚，服務對象不是演出團體，而是歌迷，」陳其邁解釋，當你把場地、動線和環境規劃完善，讓每位來到高雄參與文化展演活動的民眾留下深刻印象，即在無形中實現最好的城市行銷。

當初 Coldplay 選擇來台灣演出，正是因為高雄具備永續節能的國家級體育場館，同時符合由英國獨立音樂協會（AIM）和英國唱片廠牌協會（BPI）所發起的「音樂產業氣候公約」。演出結束後，高雄場樂迷達成 93% LED 手環回收率，僅次於日本東京 97%、丹麥哥本哈根 96% 和阿根廷布宜諾斯艾利斯 94% 等地的優

異成績。

低碳永續精神，由每一位歌迷共同實踐。

而演唱會過後，高雄重視音樂產業氣候公約一事，頓時在國際社群聲名大噪，「很多知名團體其實不會選擇高耗能場館、有不良人權紀錄的城市演出，」陳其邁說，在發展演唱會經濟，高雄比起其他亞洲城市更具有競爭力。

根據統計，在 2024 年上半年，共有 96 場大型演唱會在高雄舉辦，吸引近百萬人次、觀光產值直逼 30 億。由此可見，當地方政府和產業部門堅守環境永續價值時，在各產業領域都可能創造蓬勃、熱絡的綠色經濟奇蹟。

如果說改變產業碳排結構是工業部門淨零轉型的硬核（hardcore），創造體現環境永續價值的公共場域，則是文化及觀光產業淨零轉型的關鍵。

## 飲料店減塑大聯盟

而在民眾的日常生活上，高雄市政府從對環境影響深遠的塑膠製品著手。為了實現聯合國永續發展第十三項目標（SDG 13），即「完備減緩調適行動以因應氣候變遷及其影響」，高雄市政府從 2023 年 7 月 1 日起推動「飲料減塑大聯盟」，首創全國飲料店聯合減塑政策，鼓勵民眾自備環保杯享受雙重折扣。

根據環保局統計，三個月內高雄市減少 160,912 個一次性飲料杯消耗，相當於減少 1,931 公斤垃圾和 3,977.86 公斤的碳排放；優惠政策也讓環保杯自備率提升約 19.14%，估計塑膠杯年減量可達 1.2 億杯，成效斐然。

↑ 環保局號召手搖飲料店共同組成「飲料店減塑大聯盟」,高雄市長陳其邁(中)與環保局局長張瑞琿(左)邀請民眾一同加入自備環保杯的減塑行動。

　　由12家飲料業者組成的「飲料減塑大聯盟」,除了業者提供5元減免優惠外,期間高雄市長陳其邁加碼總經費160萬元,提供消費者折扣5至10元,形成強大的減塑政策利多,吸引許多市民朋友共襄盛舉。

　　這12個品牌包含星巴克、烏弄、鮮茶道、迷客夏、麻古等知名業者,共同參與推動「自備環保杯雄優惠」活動,目的是希望消費者藉由培養自備環保杯的習慣,提升環境意識,並讓低碳生活轉型落實在日常生活的每一天。

# 9.2
## 旗山區東昌里
# 由下而上的社區力量

發揮創意善用香蕉廢棄物，
打造屬於旗山人專屬的低碳生活方式。

　　高雄旗山素有「香蕉王國」美譽，曾有一說，旗山香蕉曾締造當地第三次經濟奇蹟，有金色外銷傳說之名。香蕉是台灣重要的經濟作物，不過在收成後會產生大量廢棄物，進而對環境造成負擔。因此旗山區東昌里從 2017 年開始，推動「香蕉廢棄物再利用」計畫，當地居民決心打造屬於旗山人的低碳生活方式。

### 香蕉廢棄物再利用

　　根據農業部規劃的四大淨零主軸，包含減量、增匯、循環和綠趨勢，香蕉廢棄物資源化再利用，正屬於主軸三的循環範疇；具體措施為農業剩餘資源材料化、減少資材浪費並強化循環產業鏈等。

　　旗山區糖廠社區發展協會理事長曾渝媗提到，香蕉收成後剩下的「假莖」含水量高達 90%，時常成為病媒蚊滋養的溫床，導

↑ 結合旗山在地農產特色，規劃農村 DIY 課程體驗、香蕉園導覽、環境教育和食農教育等內容，朝向社區永續發展的願景。（圖片提供／金旗山城）

　　致登革熱疫情在社區頻傳。經過社區居民幾番討論後，決議尋找各種香蕉廢棄物再利用的方式，而非直接丟棄一旁。

　　其實，香蕉全株都具備高利用價值，這是自古以來前人留下的智慧，例如香蕉花苞可製茶和入菜，葉片做為擺盤與包材使用等；收穫後的殘莖纖維，更可以當成紡織原料使用。至於香蕉的假莖汁液，則可導入厭氧發酵製程、產生氫氣和甲烷，是一種極具發展潛力的綠色燃料。香蕉殘莖纖維和殘莖汁液電池，亦為當前香蕉資源化與循環化研究之重點。

　　在此概念下，旗山區東昌里社區居民開始將香蕉葉做成包墊紙，殘莖拉出纖維做成編織包，也將香蕉果實製成香蕉乾、果梗

↑
上：旗山的香蕉品質備受肯定，當地社區不斷推出各種農特產品與活動，守護旗山香蕉的美名，高雄市長陳其邁（前排右二）也熱情參與活動。
下：將旗山特產香蕉製成各種伴手禮，成為地產地銷的典範。（圖片提供／金旗山城）

做為生物炭使用。讓香蕉成為具有地方特色的伴手禮。並在每一年社區居民檢討大會上，不斷修正與調整香蕉再利用路徑，因此漸漸發現，透過農業資源化與循環化的做法，將可以為社區建構自主財源。

## 低碳生活社區力行

於是，當地里民成立農產直賣所，讓香蕉廢棄物產生的經濟價值，回饋到社區菜園，推動蚓菜共生友善環境耕作場域，建置雨水回收系統、打造社區型環教場所等。「透過這些行動，社區一整年總共減少了 25 噸的碳排，」曾渝媗說，東昌里的實質減碳作為，不僅改善社區環境，也吸引青年返鄉參與減碳工作，創造綠色經濟工作機會。東昌里的減碳計畫，更獲得環境部表揚，選評為「低碳永續家園計畫」銀級組的特優。

而原為高齡農村社區的東昌里，也因為投入農業廢棄物循環再利用工作，以及積極推社區環境教育，讓東昌里成為名副其實的「負碳社區」的同時，展現出由下而上提升氣候韌性的社區實踐典範。

低碳生活、在地思考、生活轉型、社區力行。高雄旗山區東昌里，將在地作物的價值，提升至另外一個境界，原來的農業廢棄物，也被賦予全新的生命。

第十課 公正轉型

# 淨零行動
# 沒有局外人

12 LESSONS TO NET ZERO⟶

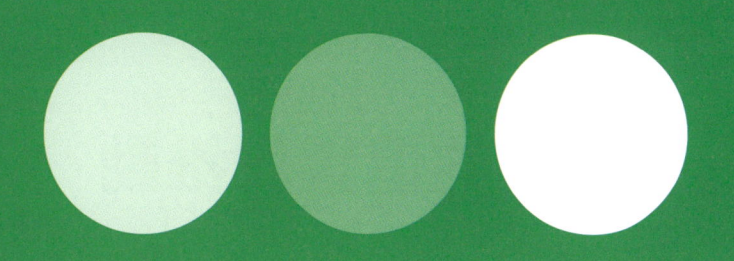

公正轉型能降低淨零轉型
所帶來的衝擊
是國際社會共同關注焦點

# 10.1
# 高雄的倡議與推動

在制定強化氣候韌性方法時，
也必須創造有尊嚴和品質的勞動機會。

「我們訴求的不僅是轉型，而是公正轉型（We want "justice" transition, not "just" a transition）」環境非政府組織代表（ENGO）在第 28 屆聯合國氣候變遷大會上嚴肅呼籲。此次大會除了是汰除石化燃料生產、推動系統性能源變革的關鍵場域，更是將「公正轉型」納入全球氣候治理架構的重要談判進程。

根據國際能源總署提出的「全球能源部門 2050 淨零排放路徑報告」分析，2050 淨零排放情境（NZE）中，潔淨能源、低排放燃料、基礎建設和終端使用等範疇，其投資比例會大幅成長。

國際能源總署和國際貨幣基金組織（International Monetary Fund, IMF）聯合研究也顯示，到了 2030 年，能源領域的投資金額將達到 5 兆美元。屆時，潔淨能源的就業人口將增加 1,400 萬人，在石油、天然氣和煤炭產業就業人口，則減少 500 萬人。

當然，這些數字僅是在淨零轉型過程中，對於勞動市場影響的估值，實際情形會因為不同的場域、工作職能有所差異。但卻

也可以由此窺知，邁向淨零低碳化的氣候進程時，國家政策與新自由主義資本積累邏輯，將迅速改變整體經濟結構，導致社會脆弱群體面臨結構性失業問題。

因此，為了減緩淨零轉型對脆弱族群的衝擊，以及落實聯合國《2030年可持續發展議程》中「不遺落任何人的」的普世價值與永續發展原則，公正轉型（Just Transition）逐漸成為國際氣候治理場域討論與關注焦點。

## 實現環境與勞工正義

根據台大社會學系副教授劉仲恩等人研究，「公正轉型」概念最早源自1970年北美石油、化學和原子能工會（Oil, Chemical and Atomic Workers' Union, OCAW）運動脈絡。

一場訴求改善對勞工健康危害、以高污染產業為主的工會運動，工會領袖Tony Mazzocchi在1960年代推動「職業安全衛生法」，倡議成立「工人超級基金」（Superdfund for Workers）協助受到工作場域毒害、以及因環境政策失業的工人們轉職，為失業勞工提供經濟支持。該基金成立目的，為試圖在勞動權益與環境保護間取得平衡。在改善勞工健康危害的同時，工會運動亦致力回應呼籲重視環境保護、強化環境法規的環境運動。

1997年，勞權運動者Les Leopold和石油、化學和原子能工會時任主席Bob Wages，組織受到環境惡化影響的地方社區代表，成立公正轉型聯盟（Just Transitions Aliance, JTA），帶領眾人正視兩大群體，一是因環境惡化受到衝擊的社區居民、二是高污染產業下的勞動者，思考如何以新的經濟模式應對環境污染問題，實現

環境正義與勞動正義扣連與運動接合的可能。

當時，公正轉型意味著一種工會運動策略，即為具有環境保護意識、結盟環境正義運動倡議團體，進而替工人爭取勞動權益、改善工人勞動條件與境況的運動思維。隨著國際工會組織積極行動，也參與聯合國氣候相關會議，表達工會運動與環境運動協作的重要性。

至此，美國、英國、西班牙、南非、澳洲等地工人運動漸漸受到啟發，公正轉型概念在北方與南方國家擴散，形成一場全球化的勞工與環境運動，甚至發展成國際氣候治理架構中的重要概念，經 40 年發展，逐步形成工人主義與環境永續的價值等值鏈。

## 淨零行動中不可或缺的一環

在 2015 年《巴黎協定》的序言裡，便強調公正轉型和良好就業機會的必要性。第 28 屆聯合國氣候變遷大會中產出的阿聯酋共識中，則明確指出各國公正轉型計畫應納入公正轉型路徑，包含勞動市場、社會經濟和能源轉型的相關評估；制定強化氣候韌性方法，以及評估對脆弱群體的影響與調適；創造有尊嚴和品質的勞動機會，確保沒有人被遺漏等。

有了如此倡議，讓世界各國對於公正轉型推動工作，有更深刻且全面性的理解，也在淨零轉型過程中，對高碳排產業下受到衝擊的勞工群體投入更多關注。

在我國政府淨零轉型「十二項關鍵戰略」中，由國發會主責公正轉型推動工作，並於 2022 年發表「公正轉型關鍵戰略行動計劃」，明確羅列淨零公正轉型目的，涵蓋為勞工創造優質就業

↑ 高雄市淨零公正轉型論壇，是碳交所成立後首場碳中和服務。

環境、加速產業升級、為區域經濟與社會發展注入動能、強化消費者權益和重塑以人為本的價值。高雄市政府 2023 年通過《高雄市淨零城市發展自治條例》後，亦將公正轉型入法，成為各行政部門的法定職責。

高雄做為工業大城，在公正轉型上必須有更細緻的討論與思辨，才能制定縝密的推動方針。依照淨零條例規範的權責機關，包含環保局、經發局、水利局、地政局、都發局、工務局、交通局、捷運局、農業局、海洋局、原民會、財政局、教育局、行國處等，須在公正轉型工作上編列預算並擬定、執行各局處計畫，同時擴大市民參與說明會、公聽會等社會溝通機制。

2023 年底，高雄市政府完成「淨零——公正轉型」推動作業手冊，做為各權責單位推動淨零公正轉型指引，希望能在低碳

↑
上：高雄市環保局局長張瑞琿（圖中演講者）於 COP28 藍區「LGMA 多層級與都市化行動館」，分享高雄市淨零轉型經驗。
下左：高雄市公正轉型淨零論壇上，邀請產官學界專家，解析淨零路徑中納入民間之公正轉型創新做法等議題。
下右：高雄市政府在淨零學院開辦「淨零城市與公正轉型──地方行政培力工作坊」，討論如何維護勞工權益等社會課題。

轉型過程，減少對高雄市勞工與脆弱族群的衝擊。

此外，高雄市政府亦開設「公正轉型研習班」，邀請國發會公正轉型委員會委員呂建德，分享國內外公正轉型案例和做法，讓各局處研擬政策行動時，能有更具體的圖像。

2024年3月中旬，高雄市政府在淨零學院開辦「淨零城市與公正轉型——地方行政培力工作坊」，由淨零學院講師、中山大學社會系教授、同時也是國發會公正轉型委員會委員的邱花妹授課，聚焦高碳排產業下的勞工權益如何受到不平等的衝擊，以及再生能源引起的土地競合關係，應如何透過社會科學方法，設計良好的社會溝通模式。

「過去那麼多抗爭，就是一次又一次遺落人的過程，」邱花妹提到，高雄長期面對工業污染並與之共存，我們需要照顧到受害最深的那一群人，才能避免淨零轉型淪為僅需配合的政策，而是讓更多人理解、認識淨零轉型的重要性，以確保台灣正走在正確的道路上。

# 10.2
# 擴大公民參與的淨零轉型

透過公私協力減緩淨零政策對弱勢族群產生的衝擊，並保障每一個人的權益。

從府內培力到擴大公民參與，高雄市政府在公正轉型推動上，積極備戰應對；研考會亦制定公正轉型辦理流程，讓公正轉型觀念深植在各局處的淨零轉型業務中。執行政策時，也能審慎盤點利害關係人，以及細緻化社會溝通等工作。

### 強化社會安全網

以高雄市社會局為例，透過與社福團體溝通協調、廣納各方意見，並盤點淨零轉型過程中，受到衝擊影響較大的脆弱群體，持續強化社會安全網的建構，支持脆弱家庭與社區。

2024 年 6 月，社會局舉辦「高雄市 NPO 與企業界公司協力共同推動永續發展（淨零減碳）座談會」，邀請近 60 個身心障礙團體、近 80 人參與，針對淨零轉型議題交換彼此想法。

社會局表示，希望透過公私協力的方式，讓身障團體理解

「淨零」可能對生活造成的影響；為減緩淨零政策對弱勢族群產生的衝擊，社會局亦會制定合理的政策設計與配套措施，保障每一個人的權益。

另一方面，在 2024 高雄婦女節上，高雄市政府以「淨零 × 女力・高雄好未來」為主題，在高雄市政府四維行政大廳裡，以生活轉型、永續教育和循環經濟為主軸，從「啟動生活轉型有感、推動永續教育有認同、帶動循環經濟有行動、滾動淨零女性影響力高雄有未來」等四大面向，展出靜態展品，呈現女性在生活和社區經濟上的淨零成果。

譬如在生活轉型中，由主婦聯盟環境保護基金會南區辦公室

↑ 2024 高雄婦女節活動上，高雄市長陳其邁（右）特別致贈玫瑰花祝婦女節快樂。

分享推廣家庭實踐節能、永續生活的成果；在永續教育上，則有中山大學 USR「城市是一座共事館——鑲嵌於社會紋理的社區實踐」計畫推動的循環綠活節，展出 2020 年至 2023 的豐碩淨零教育成果；在循環經濟中，則有中華創新產業發展協會、旗山區糖廠社區及南勝社區參展，展出社區女性如何利用廢棄水泥袋等廢材，創造循環經濟網絡。

淨零女力活動吸引超過 15,000 人參加，從靜態展覽至主題活動皆大受好評，讓參與市民深刻感受各地社區淨零轉型、教育工作倡議上的最新動態。

社會局也針對庇護工廠的淨零轉型工作，給予行政費用的獎勵措施。目前規劃從 2024 年起，每年有 1 家庇護工場加入淨零減碳計畫，目標在 2028 年達成 5 家庇護工場共同參與。根據統計，高雄市政府委託 11 家專案單位辦理身障者支持性就業服務計畫，共服務 689 位身心障礙者，成功推介 437 位就業。社會局甚至協助庇護工場制定減碳策略，如販賣手工低碳商品如環保飲料袋、環保提袋等。

除了保護脆弱群體不受淨零轉型衝擊，社會局致力於協助多元族群，找到自身在淨零轉型的角色，以實現不遺落任何人的重要目標。

## 職能轉型與就業培力

至於在勞工族群方面，高雄市政府勞工局表示，在推動數位和淨零雙軸轉型的過程中，維護勞工權益相當重要，因此，市府積極推動協助人才媒合、就業獎勵、職業技能增進培訓等政策，

降低淨零轉型對勞動市場產生的衝擊與影響。

譬如 2024 年舉辦的「雇主座談會」，與會事業單位共 125 家，企業代表 134 位，會議中除了討論 2024 高雄市智慧城市展落幕後，淨零公正轉型中的企業社會責任，現場許多企業也表示將釋出 AI、軟體開發和大數據等相關職缺，並提供半導體基礎應用課程，讓更多人可以進入良好的就業環境，在淨零公正轉型的過程中，找到更多工作機會。

座談會後，高雄市勞工局與台北市電腦商業同業公會合作，舉辦「永續創新、優職高雄」聯合徵才活動，當天共有 594 人面試，媒合率達到 64.8%。勞工局指出，勞、資、政三方將在轉型過程共同努力，部署相關人力資源與培育訓練。

除了擾動就業市場之外，因應淨零轉型的人才培訓，高雄市政府也做了扎實準備。勞工局訂定五大職業訓練應對策略，分別為預防結構性失業、植入淨零通識、強化職訓機構淨零知能、與中央攜手辦理淨零技能相關班級、養成 IPAS 淨零碳規劃管理師。目前已開設 89 班職訓班，共有 2,500 訓練員額，養成淨零相關工作領域基本知能。

此外，勞工局加強職能轉型與就業培力，引導勞工認識淨零轉型相關議題，如風力發電、淨零排放、畜牧業轉型、太陽能發電等，讓綠能產業轉型趨勢能被更多勞動者看見，讓不同產業的勞動階層，有平等且多元的機會鏈結綠色產業，讓每一個人的生活和工作，可以鏈結至淨零永續的未來。

# 10.3
## 小水坑藝術工作坊
# 大港青年動起來

鞏固淨零轉型中的青年韌性十分重要，
因為他們將是面臨更嚴峻氣候的下一個世代。

　　高雄市青年局在淨零公正轉型推動上，策劃「永續大港——形形色色的在地青年」展覽，並在駁二 8 號倉庫展出，吸引龐大人潮駐足觀賞。展覽內容包含淨零公正轉型的三種青年樣態，一是「好求職」，關於青年就業；二是「開好店」，關於青年創業；三是「走進公領域」，指涉青年公共參與。參與展出的團隊則有「七二設計工作室」、「小水坑藝術工作坊」、「黃金森林」、「糧居永續餐廳」、「締佳國際公司」等，各團隊主理人也在現場分享自身淨零公正轉型實務經驗。場外策劃小農市集，邀請獅山社區、高雄市善耕農產品生產合作社、鹽埕好青村等團體共同參與。

　　過去，淨零轉型時常讓人聯想到是關乎高污染、高耗能等產業部門的責任，對於溫室氣體減量計畫與國際氣候治理談判等詞彙，存在一定程度的距離。但是，淨零轉型其實是每一個人的責任，應成為不同的崗位上、共同建構的集體環境意識。尤其在青

年角色的部分,其實相當重要,因為他們將是面臨更嚴峻氣候危機的下一個世代。

## 將青年的力量向下扎根

高雄市青年局透過「扎根職涯」、「促進就業」、「輔導創業」及「公共參與」等政策工具,持續鞏固淨零公正轉型中的青年韌性,對青年局來說,如何建立具有公正性和包容性的轉型機制,亦是影響青年參與淨零轉型的意願與成效。

「小水坑藝術工作坊」坐落在西子灣哨船頭,這是一棟四層樓的建築,是一間充滿綠色植栽的植物選物店,不定時舉辦藝術、音樂展演活動。社群上的活潑氣息與鮮明撞色,繽紛、無涯

↑ 高雄市青年局策畫各種活動,鼓勵青年共同參與淨零轉型的未來。

↑ 以藝文創作，傳達文化永續的價值。（圖片提供／小水坑藝術工作坊）

溫暖的視覺語彙令人印象深刻。

小水坑藝術工作坊成立於 2022 年 2 月，主理人黃培瑜解釋，中文名字的靈感，來自於冰島樂團 Sigur Rós 的一首歌，內容關於在水坑翩翩起舞的人；她也取了「WOMB」做為英文店名，象徵女性的子宮，孕育新的、不受束縛的生命與力量。1 樓的植物展示空間，放著各式各樣的蕨類、根莖類和多肉植物，喜愛植物的黃培瑜表示：「親近植物這件事情，本身就是一種環境友善的方式。」培育植物需要耗費大量時間照顧，她提到，你要注意生長環境、植物枝枒變化。

黃培瑜時常出沒高雄各大市集，每當有路人經過她的攤位，都會發出讚嘆，從植物的生長狀態、擺設，都能看出主理人的用心。對她來說，低碳實踐與淨零轉型，是每一天的日常生活。黃培瑜認為這是很龐大的議題，政府需要很大的格局跟架構，串接在地社區和商家才能讓人有感、共同推動。而駐留在西子灣哨船頭的小水坑，是她對外傳遞的訊號，即是讓更多人認識植栽、自然生態對人類的重要性。她不僅將這裡視為植物選物店，更是嘗試各種跨界藝文創作、議題協作與承載環境與文化永續價值的場域，「我喜歡事情自然地發生，」黃培瑜笑著說。

小水坑藝術工作坊蘊藏蓬勃的文化伏流，以及對生命價值的更多想像。

第十一課 以世界為師

# 從他山之石
# 看見典範

# 12 LESSONS
# TO
# NET ZERO⟶

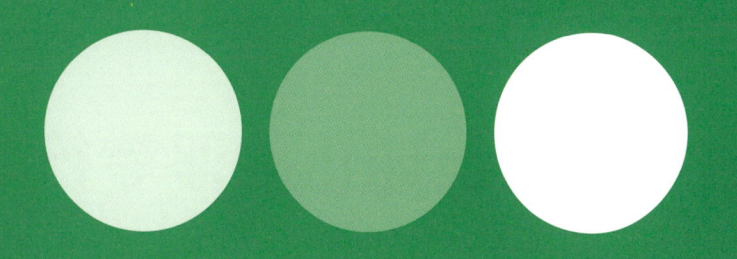

淨零轉型仰賴
世界各國共同努力
彼此應在最大共識下
找尋環境解方

# 11.1
# 一場全球化的淨零行動

從英國、日本及韓國三座城市的淨零行動中，
找出高雄可以學習的模式與做法。

2021年國際能源總署發布的《全球能源部門2050淨零排放路徑報告》，是全球第一份，談論各國如何朝向淨零能源系統轉型的研究。

報告中嘗試建構出一條可負擔的、非石化燃料為主的、乾淨的能源供應途徑，強調這條途徑得以兼顧成本效益，淨零能源轉型不會與經濟生產力存在扞格，從建築、工業、電力、交通等面向，盤點不同部門應採取的轉型工作項目，並提出建議達成目標，譬如：在2025年禁售石化燃料鍋爐、2035年擺脫石化燃料（fossil fuels）、2030年太陽能每年新增630GW、同年電動車從當前汽車銷售比例的5%上升至60%。

報告內容一出，引起各國政府高度關切，也讓許多企業與民間組織制定相應策略。前總統蔡英文在2021年4月22日世界地球日正式宣誓，台灣將緊隨世界各國守護環境永續的價值，要在2050年正式邁向淨零排放目標。國發會也在2022年3月公布「台

灣 2050 淨零排放路徑及策略總說明」，提供各部門政策指引與行動路徑，內容涵蓋關鍵領域技術、研究創新、產業綠色轉型、綠色融資等工作項目，以能源轉型、產業轉型、生活轉型、社會轉型為四大主軸，科技研發、氣候法治為兩大治理基礎，具體落實「十二項關鍵戰略」。

**乾淨能源是淨零轉型的樞紐**

2023 年時，國際能源總署提出新版的《全球能源部門 2050 淨零排放路徑報告》。內容載明，由於人類社會在發展再生能源、提高能源效率之相關技術，有許多重大突破，因此淨零情境需要與時俱進調整，加速整體減碳轉型步伐，同時也建議縮短各部門淨零轉型的期程。

無論在新舊報告中，國際能源總署皆強調，報告內容描繪的淨零場景，僅是「一種途徑，而非唯一途徑」，亦即淨零轉型的動能仍舊來自於各國科技、市場與政策發展現況，當中仍存在許

↑ 在 2021 年 4 月 22 日世界地球日，時任總統蔡英文（前排左五）宣誓 2050 淨零排放不僅是全球目標，更是台灣與時俱進的重點。

多不確定性與複雜性。

綜整幾點新版路徑報告指引方向,首先,各國應擴大能源基礎設施,如建置輸配電網與儲能設備等;其次,各國應持續發展大量負排放技術與低碳燃料;再者,加速全球企業對乾淨能源的投資;最後,拓展安全、可負擔的淨零轉型工作。

國際能源總署認為,使用乾淨的能源依然是相當重要的轉型樞紐,全球市場應盡速淘汰以石化燃料驅動的能源生產方式,運用乾淨能源創造新的產業利基,加速達到《巴黎協定》之目標。

淨零轉型是龐大的工程,仰賴世界各國共同努力,彼此應擱置衝突、在最大共識下找尋環境解方。國際能源總署也警告,倘若未能達到 2030 淨零轉型設定目標,人類社會恐怕會面臨巨大的氣候風險與災難。

## 英國伯明罕 大城市計畫

以英國第二大城伯明罕(Birmingham)為例,這座城市過去曾是重工業據點。伯明罕的西密德蘭郡(West Midlands),更是英國戰後汽車製造業的重鎮。

2019 年,英國政府通過《氣候變遷法》(Climate Change Act),成為全球最早將 2050 淨零排放內法化的國家。這部法律涵蓋法定減碳目標、每 5 年滾動式檢討碳預算、各部會權責劃分與成立氣候變遷委員會等專責研究機構等內容。身為排碳大國之一,《氣候變遷法》展現英國做為國際氣候領導者的意圖,同時透過參加歐盟碳排放交易機制(EU Emissions Trading System, EU ETS),為國際減量責任分配做出貢獻。英國脫歐後,在 2021

↑ 英國伯明罕為工業大城，為實現淨零排放，政府積極規劃低碳措施，朝向智慧綠能目標邁進。（圖片提供／Shutterstock）

年實施的英國版碳交易機制（UK Emissions Trading System, UK ETS），讓碳排上限與淨零進程持續推進。

身為工業大城，伯明罕面臨龐大的碳預算壓力。當地政府委託顧問公司計算城市碳排量，發現全市每年排放量達 4,578 百萬噸二氧化碳當量，而從 2020 年至 2100 年的碳預算為 27.5 百萬噸二氧化碳當量，每年減排率須達到 12.8%，否則不出 7 年該城市的碳預算將完全耗盡。

因此，伯明罕當局成立淨零路徑（Route to Zero, R20）工作小組委員會，小組成員包含各局處部會官員、市議員與各領域之利害關係人。R20 委員會制定一系列的淨零行動計畫，包含住宅節能翻修、低碳交通、電動汽車充電站、廢棄物處理、能源轉型等項目。尤其在住宅翻修上，政府部門加大力度成立「綠色家庭補助基金」，結合建設公司、能源顧問公司資源，合作提供加護

能源改善措施的相關規劃建議與必要補助。

面對淨零轉型的迫切時程，伯明罕地方政府、企業與社區等利害關係人積極配合，推動低碳永續發展的城市轉型計畫。即使後因財政赤字，伯明罕在 2023 年宣布破產。但是在中央與地方政府合作下，仍持續推動「大城市計畫（Big City Plan）」，因應氣候變遷影響做為市中心腹地拓展之參照，打造行人與自行車友善城市、建立永續發展的公共空間與交通網絡等，同時創造超過 5 萬個就業機會，新建建築面積 150 萬平方公尺，帶來 21 億英鎊經濟產值。

大城市計畫被認為是英國有史以來最有野心、重視環境永續的城市轉型計畫，未來 20 年中，伯明罕規劃以智慧創新、永續綠能為主軸，再次重返世界一線大城地位。

### 日本東京 零碳排都廳計畫

鏡頭回到亞洲，看看我們鄰近國家日本的例子。

進入東京都環保局網站，明顯可以看到「成為綠色且堅韌的全球城市」之標語，揭示東京邁向淨零轉型的決心。日本做為能源消費大國，政府推動一系列具有示範意義的減碳工作，並在企業、非政府組織、市民社會合作下，制定明確能源消耗目標、提升能源效率使用。目標在 2030 年達成 50% 的再生能源發電，並且實現減碳 50% 的目標，致力建構除碳化社會所需的基礎建設。

根據日本「全國地球溫暖化防止活動推進中心（Japan Center for Climate Change Actions, JCCCA）」調查，2019 年日本二氧化碳總排放量為 11 億 794 萬噸，各部門碳排放量排序分別是工業部

門 34.7%、運輸部門 18.6%、服務部門 17.4%、家庭部門 14.4%。對此情況，日本政府在 2021 年時通過《地球溫暖化對策推進法》修正，將 2050 碳中和目標明確入法，並且具體落實 14 項「綠色成長戰略」的淨零行動計畫。

同時，編列 2 兆日圓預算，成立「綠色創新基金」，結合能源產業機構研發、實驗新興能源技術。在綠色成長戰略中，有 6 個項目與運輸業高度相關，包含電動車補貼、加氫站設置補助、燃料電池技術開發、發展碳中和港、永續航空燃料發展等，運輸部門的淨零轉型頓時成為顯學。

2020 年 12 月，東京都宣布將在 2030 年禁售純燃油電車，目標比中央政府政策提早 5 年；在 2050 年，達成車輛 100% 零碳化戰略。由於汽車占日本總體運輸部門排放量的 86.1%，東京當局視運輸淨零轉型為重要政策。在另一份東京都廳發布的「零排放東京戰略」中，設定要在 2030 年達到新建 1,000 座快速充電站、

↑ 東京做為全球大城，肩負起實現 2050 淨零排放的目標，因此提出「零排放東京戰略」，規劃中長期執行措施。（圖片提供／Shutterstock）

100 座加氫站、零排放（Zero Emission Vehicle, ZEV）公車 300 輛，戰略方向十分清晰。

東京都交通局也致力於公共運輸運具除碳化工作，在地下鐵方面，透過車輛汰換、採用高效能燈具來降低車輛用電；在巴士方面，持續採購以氫氣燃料電池為驅動的公共巴士，並確保所使用的能源都是乾淨、零碳排的綠色能源。

2021 年 3 月，東京都政府進一步發動「零碳排都廳計畫（TMG's Initiatives for Its Own Sustainability）」，制定短、中、長期減碳策略，由公部門帶領民間共同展開減碳行動。

東京都政府也積極尋找、開發減少能源消耗的技術與科技產品；在減塑、減少剩食、公部門建築節能、擴大再生能源利用等範疇，亦延續 2019 年前訂定的「智慧能源都廳行動計畫」，由公部門持續起頭策動，期許有效改變東京都總體碳排結構。

根據東京都政府統計，「零碳排都廳計畫」推行至今，東京都排放總量降為 1,118 萬噸，相較基準年 2022 年已減少 42%。其減碳成效主要在交通運輸轉型、節能燈具與再生能源使用擴大等因素，讓各領域出現顯著的除碳表現。

讓東京成為一座更有活力、繁榮且宜居的城市，是東京都政府長年的願景。未來，東京都政府將持續強化、制訂適合東京脈絡的氣候變遷對策。

## 韓國首爾 整座城市都是減碳示範場

韓國首爾人口近 1,000 萬人，以首都生活圈居住人口則達 2,400 萬人，能源使用與溫室氣體排放量相當可觀。2021 年 5 月，

首爾市宣示在 2050 年實現淨零排放，以成為一座碳中和城市為目標。並於隔年制定「首爾氣候變遷因應綜合計畫」，並以建築與交通部門等占首爾溫室氣體排放超過 8 成的部門，做為首要減碳對象。

至此，在 5 年內，首爾政府投入 10 兆韓元，強化綠色技術發展與相關產業轉型，成立「首爾市碳中和綠色成長委員會」，負責制定和審議首爾碳中和政策與重大綠色永續轉型計畫。委員包含碳中和領域專家、溫室氣體減量和氣候變遷調適研究專家等。

首爾市政府甚至與市議會、25 個自治區共同成立「碳中和首爾隊」，希望達成區域跨領域、跨部門合縱連橫的政策落實效果，並且將 2023 年訂定為實施碳中和元年，規劃在建築部門、交通部門、廢棄物部門、能源部門與綠色基礎設施等五大面向，加速履行碳中和責任。

以建築部門來說，2022 年 1 月，首爾市政府推動「低碳建築 100 萬棟」計畫，第一階段是將公共與民間自有建築 15 萬棟，轉型為低碳建築；下一階段預計在 2026 年時，轉向 12 萬 2 千棟公共機關建築的低碳轉型工作，並且從導入低碳建築技術與工法、提升能源效率等兩大面向著手。

此外，首爾市政府也規劃更換 2 萬棟公共住宅的能源設備，提升公共社福機構如老人中心、幼兒園等場館的能源使用效率，並推動「能源效率改善計畫」，從 2022 年起補助 6,000 戶以上的社會經濟弱勢群體，改善自有住宅的能源效率使用情形。

交通部門方面，早在 COP26 大會上，首爾市便簽署「加速推動 100% 零排放汽車和貨車轉型宣言」。當時，韓國中央政府因仍須和國內汽車產業商討轉型策略，仍對此宣言採取保留態

度,但是首爾市長吳世勳率先簽署了這份國際宣言,不僅領先中央部會政策,還使韓國成為第一個跟進此國際宣言的東亞國家。

近幾年,首爾市政府也嚴格管制燃油車、加速電動車普及化,規定2035年禁止登記燃油車。提出5年內達到20萬輛電動車與2萬4,000輛以氫能為驅動的零碳排車輛。在能源基礎建設部分,將擴建20萬個電動車充電設備與30個加氫站;2025年前,擴大2倍城市中的人行道面積,並且積極布建腳踏車專用道,讓以人為本的交通成為現實。

在鼓勵搭乘公共運輸、降低私人運具使用方面,首爾市政府提高交通運輸站附近公營停車場的收費標準;針對特定公共運輸樞紐地區之旅宿、遊樂設施或百貨業者,徵收「交通誘發負擔金」;甚至依照不同地區交通堵塞情形和單位面積,課徵不同的

↑ 首爾致力建構自動駕駛的基礎建設,圖為自動駕駛公車。(圖片提供/Shutterstock)

誘發負擔金額,以降低車輛怠速情形。同時,首爾市政府也在特定區域設置「綠色交通區」,限制特定區域不得有燃油車行駛,並逐步擴大綠色交通管制區範圍。

簡言之,在提升綠色運輸系統上,首爾市政府從公務車電動化、公共運具電動化、電動車普及化、燃油車限制、擴大綠色交通基礎建設與相關公共運輸使用利多等,做為主要政策推動邏輯與思維。

## 從社區行動促發政策擬定

首爾還有一項政策令各界矚目,即是「減少一座核電廠(One Less Nuclear Power Plant, OLNPP)」。這項計畫起源於2012年4月,由時任首爾市長朴元淳所提出。

2011年,福島核災震撼全世界,如何節能、提升能源效率和發展乾淨的再生能源,成為全球大城思考的重要課題。起初,居住首爾、關心環境與能源議題的部分社區居民,開始舉辦節能業績競賽,透過迷你太陽能板、節能小技巧等降低能源耗損,彼此進行評分鼓勵節電、甚至成為能源自主、自立發電的社區。

以首爾盛大谷為例,為了保留社區分享互助的傳統精神,以乾淨、安全的能源,來推動社區能源改革,盛大谷社區居民成立節能合作社,經營社區能源超市,販售LED燈泡、手動緊急照明設備,甚至提供太陽能板安裝與申請服務,居民們也會自發性地鼓勵每個家庭及商家減少用電,甚至協助彼此更換節能設施。

一場由下而上的社區能源革命,在首爾盛大谷發酵展開。

一名首爾盛大谷社區居民金少英曾說,社區居民所思考的不

是裝幾片太陽能板,而是如何互助讓減少對核能、石化燃料依賴的觀念散播出去,讓孩子們將來能不受到核電影響。

## 減少一座核電廠成為城市願景

　　一系列社區自主節能的行動,讓朴元淳大開眼界。於是,在與公民團體討論幾番後,朴元淳決議推動「減少一座核電廠」計畫,挹注國家資源,擴大公民社會所驅動的能源轉型運動量能。市政府也持續推動「能源自主社區計畫」,以社區為尺度補助社區能源診斷、太陽能板裝設、節能獎勵措施等。

　　「減少一座核電廠」計畫訂下兩階段目標,首先在 2014 年時達成減少 200 萬噸油當量的能源使用；在第二階段 2015 年至 2020 年間,將首爾市電力自給率提升至 20%、減少 400 萬噸油當量使用、降低 1,000 萬噸溫室氣體排放量等。

　　此計畫驅策首爾成為能源自主的城市願景,並且透過分散式的能源生產方式、低能耗消費型社會結構轉型,同時創造永續綠色能源產業的新興就業機會,實現省下一座核電廠的目標。

　　於是,首爾市政府推動兩階段超過 159 項計畫,包含建置 4 萬座微型太陽能發電廠,建立多元化市民參與太陽能發電模式；創立 25 個能源服務中心提供相關綠能產業就業機會；擴大社區回收點,以改善社區廢棄物回收率；改善建築翻修獎勵制度、建立建築節能認證系統提升建物市場價值；修改環境影響評估法鼓勵企業投資分散式能源,透過政府支持確保經濟與 20% 電力來自分散式能源之可行性。

　　2014 年 6 月,朴元淳宣布:「首爾成功省下了一座核電廠。」

↑ 首爾廣設自行車道，鼓勵民眾多多騎乘綠色運具。（圖片提供／Shutterstock）

短短數年，首爾能源自給率從 2.95% 提升至 4.7%，透過節能計畫、在生能源設備以及相關政策配套，讓首爾在 2 年減少了 96 億度電，相當於台灣核一廠一年生產的電力。

這項計畫之所以能成功，最重要的是每一位市民的集體參與，去中心化的能源治理模式，創造了以公民社會為主體的能源轉型典範，這是首爾經驗最獨到之處。

所謂「他山之石、可以攻錯」，台灣有條件做得更好，台灣也有豐沛的公民社會量能，只要公部門、產業界與學術界齊心，將資源挹注在多元治理模式、去中心化的減碳議程推動者，再參照首爾經驗，台灣能減的將不只一座核電廠。

這些條件，高雄萬事俱備。

# 11.2
# 與國際交流掌握新趨勢

在永續發展議題中找出不同角度，
讓世界各國的城市經驗得以相互交流。

　　地方政府永續發展理事會（International Council for Local Environmental Initiative, ICLEI）是一個成立於 1990 年的國際型聯盟，由全球各地的地方政府，以及國際、區域型地方政府組織共同組成。

　　ICLEI 成立背景源於 1989 年，當時美國與加拿大等地方政府的大氣科學家們，有感於氣候變遷議題將對全球造成全面衝擊，於是邀集 43 個國家的 200 餘個地方政府，群聚在紐約的聯合國總部，召開「地方政府的永續未來世界會員大會」，共同商議全球環境問題該如何解決。

　　隨後，遂成立以地方政府為策略聯盟形式的合作網絡，並以 ICLEI 做為聯盟名稱。

　　ICLEI 首要任務有二，一是在世界各國建立地方永續性觀點，以達到保護全球共同資產的目的，如水資源、空氣品質等；其次，在永續發展議題上，提供豐富的資訊、技術性服務、教育

訓練、國際研討會等，讓世界各國的城市經驗得以相互交流。

「建構人人都能宜居的城市、鄉鎮與社區。」這是 ICLEI 在 2022 年世界大會上的宣言，當時在瑞典第三大城馬爾默舉辦大會，因此又稱為馬爾默宣言。

短短幾個字，體現 ICLEI 長期推動各國地方政府相互學習與協作、共同建構全球環境永續目標的理念。

### 亞洲第一處 ICLEI 訓練中心

ICLEI 成立至今超過 30 年，擁有超過 125 個國家、2,500 個地方政府會員，影響力遍及全球 25% 人口。在台灣地方政府方

↑ 時任波蘭格丁尼亞市副市長巴托謝維奇（前排左），搭乘高雄輕軌，體驗高雄低碳交通。

面，目前有 11 個 ICLEI 會員城市，而高雄則是其中積極參與 ICLEI 國際倡議與環境永續活動的城市。

2012 年成立，位於高雄、由市政府捐助成立的 ICLEI 高雄環境永續發展能力訓練中心（ICLEI Kaohsiung Capacity Center, ICLEI KCC），是 ICLEI 德國波昂總部外，唯一一處能力訓練中心，提供 ICLEI 東亞地區會員城市訓練，以及同步專業知識、永續政策與管理資訊分享。而高雄市政府也透過 ICLEI 全球網絡，頻繁與世界各國城市交流、舉行國際論壇、東亞城市規劃專業訓練工作坊等。討論議題包含氣候變遷、韌性發展、生態交通、城市生物多樣性、智慧城市與循環經濟等範疇。

## 藉由國際交流累積淨零行動經驗

許多高雄人第一次認識 ICLEI，應該是 2017 年於在鼓山區哈瑪星規劃的永續城市活動——「生態交通全球盛典」（EcoMobility World Festival）中。這場由 ICLEI 發起的全球性活動，鼓勵地方政府打造 1 個月的無燃油汽機車通行場域，展現生態交通與交通低碳轉型的重要性。當時高雄市政府選定哈瑪星做為生態交通示範區，希望在為期 1 個月的活動中，讓汽、機車退出街道，推動低碳排載具、步行環境友善的交通方式。邀請社區居民透過實際參與，體驗綠色低碳宜居生活。

這場活動是由直屬於 ICLEI 組織之一的生態交通聯盟主辦，理念在於推動城市中的永續交通計畫，並協助組織成員降低石油燃料載具的使用，倡導節能、低碳、生態友善的交通方式。

生態交通聯盟有 18 個城市加入，從 2013 年起每兩年舉辦一

次全球生態交通盛典，倡議重建都市生活形態和展演綠色交通，時任執行長 Konrad Otto-Zimmermann 曾說：「生態交通意味著行走、騎車、輪行載具、和乘客化等交通方式享有優先權。這同時描繪了一種個人的交通選擇，以及都市運輸規劃的新典範。」

在 2013 年與 2015 年時，生態交通聯盟分別在南韓水原市、南非約翰尼斯堡舉辦第一、二屆生態交通盛典，大力推行 1 個月的新形態永續交通生活。高雄在 2017 年接下第三屆生態交通盛典的主辦權，並在哈瑪星社區實踐「一個社區、一個月、綠色低碳運具（One-Neighborhood, One-month, No-cars）」的核心價值。

之所以選在哈瑪星社區，主要是考量到哈瑪星是高雄第一個都市計畫及現代化行政區，也是第一座小學和第一所現代化市場所在地；由於觀光客和遊覽車出入頻繁，加上原道路規劃狹窄，缺乏行人步行空間與會車轉圜地，導致當地空氣污染嚴重、人車爭道意外不斷，當緊急事故發生時，救災載具難以順利進入。因此，將生態交通示範區選址於此，希望有利改善社區交通，與污染運具使用情形。

這段推動生態交通的過往，讓高雄市民首次認識永續城市的交通型態，以及綠色運具如何改善生活品質。更重要的是，在推動宜居永續城市的道路，高雄一直走在國家總體戰略前面，積極從不同面向翻轉高雄做為工業城市，所背負環境污染的宿命。

淨零轉型是全球議題，集結世界各國城市的行動方案，將有助於政策調整與淨零工作推動。透過頻繁參與和舉辦國際論壇，高雄市吸取不同國家的經驗與做法，為城市邁向淨零轉型的行動，累積厚實基礎。

第十二課 善用碳匯

# 淨零轉型的關鍵戰略

12 LESSONS TO NET ZERO⟶

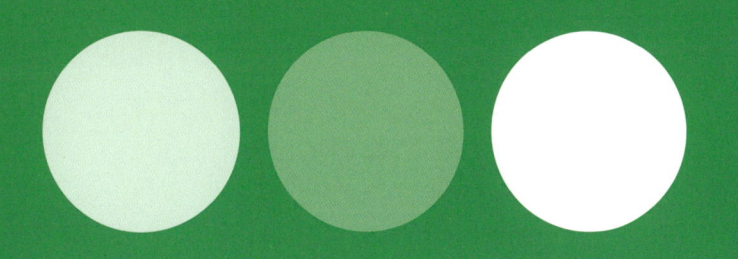

淨零不是遙遠的理想
從企業減碳到淨零生活
每一個環節都很重要

# 12.1
# 什麼是碳匯？

**高雄市政府制定「碳預算」，
推動各部門減碳措施，落實減碳目標。**

　　在《京都議定書》裡，建立了三種減碳合作機制，協助世界各國進行碳排總量管制，分別是國際排放交易機制（International Emissions Trading, ET）、共同減量機制（Joint Implementation, JI）和清潔發展機制（Clean Development Mechanism, CDM）。

　　其中，大家熟悉的「清潔發展機制」，其實與碳匯息息相關，這個機制主要用於鼓勵開發中國家自主減碳，亦是碳權最早的實踐形式。

### 跨國合作減碳的濫觴

　　在《京都議定書》簽訂後，許多發展中國家推動 CDM 專案，範圍涵蓋水力發電、風力發電、提升工業效率和替代能源使用等。在此機制中，已開發國家可以透過提供資金和技術，在發展中國家推行專案合作，讓發展中國家落實環境永續政策，也使

已開發國家盡到碳減量義務。

在CDM核可的專案項目中，投資計畫的主持國家，將會獲得「認證減量額度（Certified Emission Reductions, CERs）」，並用來抵換以此達到減碳承諾。每一單位的CER，相等於減少1公噸的二氧化碳當量排放。

已開發國家可以購買CER達到減量目標，企業亦可透過購買減量額度，來符合如歐盟排放交易機制等強制性減量交易機制的規範。

CDM這樣的機制又稱為「京都機制」（Kyoto Mechanisms），是《京都議定書》發展最為成功的跨國合作減碳彈性機制，更是許多已開發國家倚重換取抵換額度（offsets）的方式。

90年代，《京都議定書》做為全球唯一約束溫室氣體排放的條約，直至2020年第二期減排承諾約期失效前，是國際社會控制溫室氣體總量的主要框架。

這份條約對先進國家規定減排目標，但是締約國的溫室氣體僅占全球排放量20%，針對中國、印度等新興國家市場並未做規定，而排碳大戶美國也不受該協定規範，因此《京都議定書》在溫室氣體總量控制的成效相當有限。

年僅16歲的瑞典氣候鬥士格蕾塔・桑伯格發起多次大規模「為氣候罷課」行動，訴求眾人對全球暖化與氣候問題提高警覺，對於世界各國政府與企業碳排結構轉型緩慢等現況。

她曾在聯合國氣候變遷會議上控訴世界各國進行了40年的全球氣候談判，但是所有人還是維持原本的商業活動，並沒有解決環境困境。道破當時高碳排經濟結構轉型步調仍舊遲緩，國際環境協定約束力遭商業行為與資本市場掣肘。

2015 年《巴黎協定》簽署後，被視為繼《京都議定書》後下一世代的全球溫室氣體減量協定，目標為「以工業革命前水平為基準，將全球平均升溫控制在 2°C 內，並追求限制升溫 1.5°C 目標」、「每 5 年檢討各國自主減量貢獻及減量目標執行成效，並進行滾動式調整縮小缺口」。

## 重新定義全球碳交易

值得注意的是，在《巴黎協定》的減量策略中，改變了「共同但有區別責任」的思維。過去溫室氣體減量工作義務與目標多側重已開發國家，對於開發中國家、考量該國經濟平衡發展，多以彈性機制等鼓勵方式取代強制要求。

在《巴黎協定》裡，則轉向不論已開發國家或發展中國家，各國應在衡量國情與能力、在公平基礎下實踐溫室氣體減量工作，也就是所謂的「國家自定貢獻」。

從 2020 年起，世界各國開始提交國家自定貢獻計畫，計畫中需要檢視該國氣候行動、減碳路徑和目標，並在年度聯合國氣候變遷大會上逐一盤點。

如果從碳權交易市場的角度來看，可以將《京都議定書》理解成聯合國對締約國的上對下治理方式，碳權交易發生在無減量承諾的非締約國與受約束的締約國市場之間。而在《巴黎協定》中，是由國家自定貢獻減量承諾，驅動國家和資本市場參與自下而上的碳市場。

因為減碳義務已經擴及發展中國家，而國際組織和私人企業都開始積極參與碳交易，市場誘因擴大導致遵約與自願市場參與

的邊界越來越模糊。簡言之，《京都議定書》奠定了碳交易市場的框架，但是《巴黎協定》重新塑形了全球碳交易的模式與動能，讓全球市場開始積極參與碳權交易機制。

當我們在思考碳匯及議論碳匯為何重要時，其實與前述國際協定與碳交易市場發展脈絡，有著很深的關聯。

**從造林到育林的碳排減量策略**

在《京都議定書》時代，碳匯相關機制置放於 CDM 中，主

↑ 高雄市環保局維護凹子底森林公園打造城市綠色基盤。

要透過人工造林方式，讓森林生長吸存的二氧化碳，得以計算在國家總體碳排減量成果中。不過，森林吸存溫室氣體的減量策略相當有限，隨著土地發展與城市建設，森林砍伐的情況將會日益加劇。

到了《巴黎協定》時，植木造林已非主要的增加自然碳匯之思維，而是「減少毀林與森林衰退已降低溫室氣體排放（Reduced Emissions from Deforestation and Forest Degradation, REDD）」，呼籲各國重視森林在降低溫室氣體排放進程中飾演的角色。

REDD機制強調，工業化國家應利用資金鼓勵發展中國家從事森林保護、森林復育等工作，而植林項目同樣沒有被捨棄，而是將其放在與生態保育、維繫生態多樣性一樣重要的位置。

↑ 淨零學院開辦淨零課程，學員在課堂勇於發表意見討論。

有許多大型的計畫因應生成,如世界銀行的「森林碳夥伴基金」,運用基金投資開發中國家,以避免森林覆蓋面積降低的大型計畫,即是碳融資機制的一環。REDD 的原則是鼓勵各國保有林地、減少森林砍伐等,以增加碳匯為目的。

而回應國際減碳議題,我國政府提出 2030 年國家自定貢獻減碳排目標為 24%,規劃 12 項具體淨零轉型策略,在電力配比方面須達到再生能源 27% 至 30%、燃煤 20%、燃氣 50%,並擴大再生能源裝置容量到 45.46 至 46.12GW 之目標。

國發會表示,這 12 項淨零轉型策略環環相扣,各部門須逐步完成階段性目標,減碳效益預估可達到 7,200 萬至 7,600 萬噸;在自然碳匯規劃上,預期以增加森林、濕地面積與環境復育等方式,在 2040 年達到碳匯量增至 1,000 萬噸。實踐減量與增匯並進的淨零轉型行動,才能穩健邁向碳排放與碳移除趨近中和程度的情景。

## 高雄的碳匯規劃與轉型願景

高雄市在 2023 年底成立「淨零學院」,開辦一系列淨零議題相關之課程,如國際能源轉型做法、淨零推動趨勢、碳盤查、碳減量與碳匯等課程,在淨零知識與科學普及化推動上,十分具系統性思維與規劃。

以自然為本的解決方案(Nature-based Solutions, NbS)也受到大量討論,如以海洋、土壤碳匯等主題,廣邀民間企業、專家學者與環保團體深入討論,並持續展開跨領域與跨界的專業網絡拓展合作。

↑ 在台糖碳匯教育館可透過觸覺、嗅覺等多感體驗，認識自然碳匯及台糖造林的效益。

　　陳其邁認為，淨零不是遙遠的理想，而是一種生活日常，從企業減碳到淨零生活，沒有任何一個環節可以被忽略。地方政府做為企業與市民的最重要的後盾，高雄市政府通過《高雄市淨零城市發展自治條例》，領先全國制定「碳預算」，制定 2 年為一期的政策目標與淨零政策白皮書，從工業、住商、運輸、環境與農業部門減碳措施推動，規劃在 2030 年完成減碳 30%。

　　針對不同產業別，高雄市政府在工業、能源、住商、運輸、環境、農業、碳匯、公正轉型與淨零綠生活等九大面向，亦設定不同減碳目標，並以治理、法治、技術、人才和經濟等五大基

礎，分階段制定工作項目和減碳績效。

以台糖公司為例，自 1987 年開始種植短期經濟林，配合政府政策在離蔗土地上做造林，截至 2024 年 3 月統計，台糖造林總面積已達 11,525 公頃，是全國最大的造林業主，為綠色碳匯貢獻良多心力。

而在高雄市政府的支持下，台糖公司設置的「台糖碳匯教育館」也於 2024 年 8 月在橋頭糖廠正式開幕。台糖碳匯教育館採用生動、活潑近人的方式，打造「吸碳獸」角色帶領參觀的小孩與大人，透過視覺、嗅覺和觸覺等多重體驗，探索並更近一步認識何謂自然碳匯。

由於台糖約有 23% 土地為造林使用，甘蔗種植過程也會吸附許多二氧化碳、封存至土裡；近年台糖規劃將甘蔗加入小農種碳專案，實現種碳（Carbon Farming）的碳中和策略。隨著碳匯教育館的落成，不僅提供高雄在地學子淨零實踐的教學場域，也提供產業端、企業主效法與釐清碳匯等相關概念，讓台糖增加綠碳與黃碳的經驗典範得以轉移。

# 12.2
## 茄萣濕地植樹造林
# 公私協力減碳齊步走

每種下一棵樹,不只是自然碳匯計算,
而是讓城市與自然共生的一次嘗試。

　　不僅台糖公司投入造林,高雄茄萣濕地的植樹造林,也是公私協力減碳的最好範例之一。

　　茄萣濕地位在高雄市茄萣區,原為「竹滬鹽田濕地」,到了 1991 年時,茄萣與竹滬鹽田因為開闢興達遠洋漁港的緣故而停曬。本區原為濱外沙洲地形,東鄰茄藤仔港潟湖,為內政部核定之地方級重要濕地,是黑面琵鷺、遊隼、東方白鸛等稀有保育類動物的棲息地。植物以耐鹽、耐旱的植物為主,如海馬齒莧、鹽定等,濕地紅樹林以海茄苳為主,生態資源相當豐富。

**與協會合作造林**

　　近年,高雄市工務局和高雄市愛種樹協會合作,在茄萣濕地種植超過 8,000 棵原生海濱植物樹苗。高雄市愛種樹協會是由一

群校長和企業人士，於 2014 成立的社團法人，以推廣護林、造林、育苗與環境教育為協會宗旨。

協會亦與企業、財團法人聯合認養植栽，在當地種下接近 30 種台灣原生海濱植物，包含紅柴、水黃皮、欖李等樹苗。高雄市工務局局長楊欽富表示，茄萣濕地是南台灣重要的濕地，更是國際候鳥避寒過冬的棲地；由於原生種樹木數量較少，透過公私部門合作植樹造林，能有效加強生態多樣性與生態保育。

「我們提供公有地讓他們種植樹苗，因為種樹最大的問題就是需要土地。」談起這段植樹造林的過往，工務局公園處副總工程司李淑美解釋，都市計畫中的土地其實大部分已經飽和，不過為了落實淨零轉型政策，市政府一直在找尋未開發的空地，媒合所有可能植樹的場域。「茄萣濕地早期是鹽田，周遭林木樹木比

↑ 高雄市工務局與高雄市愛種樹協會合作推廣護林、造林，成為公私協力的典範。

較少，」李淑美指出，與愛種樹協會在茄萣濕地增植喬木後，綠蔭已經有顯著的成長。

造林作業過程中，其實面臨許多挑戰，如鹽地土壤地質條件惡化、乾旱缺水、如何提升樹木存活率等。經過長時間討論、磨合，公園處同仁與愛種樹協會成員逐一解決種種不利栽種樹苗的條件。為了秉持多樣性樹種、以多層次種植原則造林，茄萣濕地植樹工作費時近 3 年，終於在 2023 年時，完成 8,000 棵樹苗的栽種工程，成就公私協力造林的最佳典範。

### 拋磚引玉的植樹策略

除了茄萣濕地造林，高雄市政府對於自然碳匯的重視程度，少有城市能與之比擬。

為了達到 2050 淨零排放目標，市長陳其邁帶領工務局公園處，規劃四大面向的植樹策略。首先，在公園闢建植樹方面，公

↑ 從小開始教育森林對於地球的重要性，必須用心養護樹木。

園處在維管的 834 座公園，面積約 1,024.17 公頃，持續種植樹木、維護良好綠地狀態。

同時，公部門與私人企業合作認養種植樹木的計畫，也從未停歇，如 2024 年 2 月，高雄市政府、國家自然公園管理處以及萬海航運合作，計畫在橋頭、楠梓地區的高雄都會公園 2 期中，種植 1,000 株樹木。做為台灣面積第二大都會公園，棲地復育與樹木栽植具有指標意義，也驅使中油、中鋼和日月光等企業共襄盛舉。

第二項亮眼的植樹策略，是打造高雄綠園道。公園處在中山路、博愛路、中山路側臨翠亨南北路，增植茄苳樹 400 餘棵，同時執行左營、高雄、鳳山三大計畫區的鐵路地下化園道工程，種植 4,000 多棵樹木，讓綿亙市區 15.37 公里的鐵道周圍成為林蔭大道，成功營造交通、生態結合的綠園道景觀。

第三，高雄市政府致力在未開發空地植樹綠化，如仁武、亞洲新灣區地帶。公園處在亞灣地區種植 2,000 棵喬木，包含桃花心木、樟樹、白千層、印度紫檀、紅花風鈴木與茄苳樹。範圍從中山三路昆仲公園以南、凱旋路以北，將 50 公頃的閒置土地，化身為公園綠地，未來年減碳成效預計達到 30 公噸。在仁武西營區及 92 期重劃區，則大量種植印度紫檀與桃花心木，約 600 棵左右數量。

第四，輕軌成圓後，高雄市政府在沿線種植約 500 棵喬木，「以站就樹」的策略讓輕軌穿梭在小葉欖仁樹林中，宛如「龍貓隧道」的場景吸引許多人前來留影。副市長林欽榮提到，工務團隊在規劃輕軌的綠色隧道時，會選用適合的樹種創造樹陰蔥籠意象，更重要的是，提升輕軌沿線景觀與遮蔭功能。

此外，李淑美提到，高雄市政府帶頭種樹，也會啟動企業界

↑ 高雄市積極植樹與造林，為城市綠化和自然碳匯而努力，致力成就綠色奇蹟。

許多資源挹注。如東北扶輪社在 2023 年時，捐贈高雄市政府 59 棵樟樹樹苗，提供公園預定地使用。楊欽富也強調，樟樹有相當良好的固碳效益，企業捐贈樹苗只是象徵性的舉措，背後更是對都市淨零減碳的責任心。

公私協力無疑為淨零轉型帶來實質助益。

### 植樹，是城市裡最美的風景

根據公園處統計造林成效，高雄市政府近 5 年來植樹 7,500 棵，減碳效益預估達到 120 公噸。植樹為永續生態城市貢獻良

多，從增加碳儲量、提升生物多樣性、改善城市綠蔭景觀、導入科技創新應用技術監測造林管理等，「植樹已經不是一個局處的事，而是整個市府去努力、大家相互合作分工去完成，」李淑美說，從找地、種樹、認養、維管、未來土地利用等，每一個環節顧好才能把樹顧好。

公園處同仁身為「行道樹保母」，為都市綠化與自然碳匯付出許多努力，這些綠蔭成果往往需要長時間等待與照料。「我覺得這很有意義，我喜歡種樹，10年後如果看到一條路的綠蔭是你做的，讓每個人走在上面享受，那成就感是很大的，」30年深耕工程單位、同時擁有國際「樹藝師」認證的李淑美笑著說，不論出於城市綠化、降低都市熱島效應、淨零轉型政策考量的大我，抑或是單純喜愛樹木植物的小我，對她而言，種樹本身就是一件重要的事情，而且是一門非常深的學問。

正因為，環境沒有人可以持續下去，但是人類不能沒有植物。對於高雄市政府來說，每種下一棵樹，或許不是生冷的自然碳匯計算，而是讓這座城市與自然共生的一次嘗試。

把樹種回來，把自然種回來，也把自己種回來。

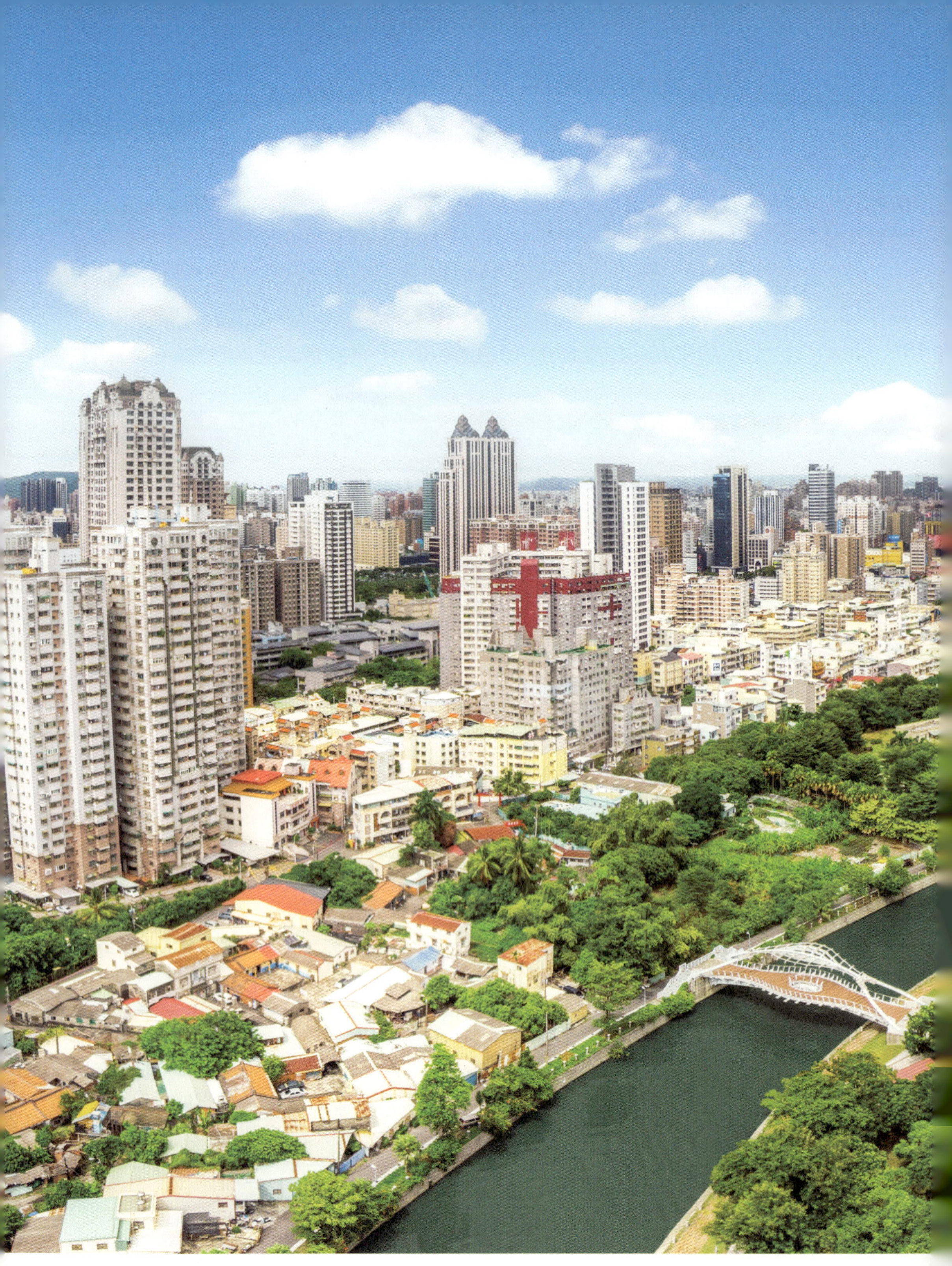

藍天、綠樹、河流是城市最美的風景，
我們一定可以，在兼顧經濟發展的前提下，
把樹種回來，打造美好、與自然共生共榮的高雄。

財經企管 BCB863

# 城市淨零 12 堂課
## 高雄永續發展轉型攻略

作者——顧旻

企劃出版部總編輯——李桂芬
主編——羅德禎
責任編輯——尹品心
攝影——連偉志、黃鼎翔
圖片提供——高雄市政府暨所屬相關局處、中鋼公司、日月光半導體製造、
國立中山大學教育部 USR 計畫、小水坑藝術工作坊、金旗山城、Shutterstock
封面設計——平面室設計工作室
美術設計——劉雅文
校對——魏秋綢
專案策畫——高雄市政府環境保護局

出版者——遠見天下文化出版股份有限公司
創辦人——高希均、王力行
遠見‧天下文化 事業群榮譽董事長——高希均
遠見‧天下文化 事業群董事長——王力行
天下文化社長——王力行
天下文化總經理——鄧瑋羚
國際事務開發部兼版權中心總監——潘欣
法律顧問——理律法律事務所陳長文律師
著作權顧問——魏啟翔律師
地址——台北市 104 松江路 93 巷 1 號
讀者服務專線——（02）2662-0012 | 傳真——（02）2662-0007；（02）2662-0009
電子郵件信箱——cwpc@cwgv.com.tw
直接郵撥帳號——1326703-6 號　遠見天下文化出版股份有限公司

製版廠——中原造像股份有限公司
印刷廠——中原造像股份有限公司
裝訂廠——中原造像股份有限公司
登記證——局版台業字第 2517 號
總經銷——大和書報圖書股份有限公司 電話／（02）8990-2588
出版日期——2024 年 11 月 25 日　第一版第一次印行

定價——550 元
ISBN——978-626-417-058-1 | EISBN——9786264170567（EPUB）；9786264170574（PDF）
書號——BCB863

天下文化官網——bookzone.cwgv.com.tw
本書如有缺頁、破損、裝訂錯誤，請寄回本公司調換。
本書僅代表作者言論，不代表本社立場。

---

國家圖書館出版品預行編目 (CIP) 資料

城市淨零12堂課：高雄永續發展轉型攻略/顧旻著.
-- 第一版. -- 臺北市：遠見天下文化出版股份有限
公司, 2024.11
　　面；　公分. --（財經企管；BCB863）
ISBN 978-626-417-058-1(平裝)

1.CST: 都市計畫 2.CST: 都市綠化 3.CST: 永續發展
4.CST: 高雄市

545.14　　　　　　　　　　　　　113017117